北大保险时评书系

北大保险时评 2019—2020

孙祁祥 等 著

北京大学出版社
PEKING UNIVERSITY PRESS

图书在版编目(CIP)数据

北大保险时评. 2019—2020/孙祁祥等著. —北京：北京大学出版社，2020.6
（北大保险时评书系）
ISBN 978-7-301-29393-5

Ⅰ. ①北… Ⅱ. ①孙… Ⅲ. ①保险业—中国—2019—2020—文集 Ⅳ. ①F842—53

中国版本图书馆 CIP 数据核字(2020)第 088308 号

书　　名	北大保险时评（2019—2020） BEIDA BAOXIAN SHIPING（2019—2020）
著作责任者	孙祁祥　等著
责任编辑	兰　慧
标准书号	ISBN 978-7-301-29393-5
出版发行	北京大学出版社
地　　址	北京市海淀区成府路 205 号　100871
网　　址	http://www.pup.cn
微信公众号	北京大学经管书苑（pupembook）
电子信箱	em@pup.cn
电　　话	邮购部 010-62752015　发行部 010-62750672 编辑部 010-62752926
印　刷　者	北京富生印刷厂
经　销　者	新华书店
	730 毫米×1020 毫米　16 开本　16.5 印张　178 千字 2020 年 6 月第 1 版　2020 年 6 月第 1 次印刷
定　　价	52.00 元

未经许可，不得以任何方式复制或抄袭本书之部分或全部内容。
版权所有，侵权必究
举报电话：010-62752024　电子信箱：fd@pup.pku.edu.cn
图书如有印装质量问题，请与出版部联系，电话：010-62756370

目录 CONTENTS

理论综合

2019年中国保险业发展回顾与评析　　　　　　　郑　伟/3

把握战略机遇　深化四项改革　　　　　　　　　孙祁祥/13

织牢织密健康保障网的关键　　　　　　　　　　孙祁祥/21

从就业人口总量下降看养老保险形势　　　　　　郑　伟/27

养其和　节其流　开其源　时斟酌　　　　　　　锁凌燕/31

信息社会的金融科技与金融监管　　　　　　　　孙祁祥/36

中国保险业：在不断开放中砥砺前行　　　　　　孙祁祥/42

行业发展与规划

"保险＋服务"：克服医疗纠纷顽疾　　　　　　　姚　奕/53

有效发挥农业保险在应对气候变化风险中的

　　作用　　　　　　　　　　　　　　　　　　丁宇刚/58

推动保险业高质量发展　　　　　　　　　　　　锁凌燕/63

完善农险大灾风险分散体系　　　　　　　　　　郑　豪/67

扩大政策性农业保险改革试点,为农业生产保驾
　　护航　　　　　　　　　　　　　　　　刘新立/71
商业车险费改小议　　　　　　　　　　　姚　奕/76
机遇与挑战并存的参数保险　　　　　　　吴海青/80
医保基金隐忧　　　　　　　　　　　　　郑　伟/84
网络风险,保险业的机遇与挑战　　　　　刘新立/89
长期护理保险宜"制度统一、政府主导、
　　商保承办"　　　　　　　　　　　　陈　凯/93
大病保险制度的三大困境与思考　　　　　王瀚洋/97
提升健康保险,保障人民健康　　　　　　郑　伟/101
寻求价值导向:健康保险发展之魂　　　　锁凌燕/106
金融供给侧结构性改革背景下的保险业发展　刘新立/111

政策与监管

保险监管的本土化与全球化　　　　　　　贾　若/119
奖补特色农险　助力精准扶贫　　　　　　丁宇刚/123
保险资金投资集合信托:快进中的风险监管　朱南军/127
SARMRA 评估及其一致性问题　　　　　　贾　若/132
金融混业监管背景下的资本监管制度　　　贾　若/136
建设"健康防贫"的制度体系　　　　　　周新发/140
由医保药品谈判引发的思考　　　　　　　姚　奕/144

企业经营与市场环境

新的时代背景下,保险消费者真的变了吗?　刘新立/151

保险业助力中国民营经济健康发展　　　　　朱南军/155

保险中介的严监管时代　　　　　　　　　　刘淑彦/160

税延养老险试点一年有感　　　　　　　　　陈　凯/164

依靠人工智能拓展保险科技创新边界　　　　韩　笑/168

互联网保险公司估值问题浅见　　　　　　　陈　凯/173

如何看待互联网平台兼业卖保险？　　　　　锁凌燕/177

深化商业养老保险供给侧改革，推动税延养老险

　　减税扩围　　　　　　　　　　　　　　韩　笑/182

品牌、金融品牌及其建设　　　　　　　　　孙祁祥/186

系统性风险，银行比保险业承受更多？　　　刘淑彦/190

人工智能与车险理赔风险控制　　　　　　　朱南军/194

区块链"去中心化"与保险业"中心化"　　　郑　豪/199

保险资金运用

服务"一带一路"基础设施PPP项目，发挥保险的

　　风险保障作用　　　　　　　　　　　　周新发/205

险资调研：发挥机构投资者建设资本市场的

　　作用　　　　　　　　　　　　　　　　王瀚洋/212

社会保障与保险

第三支柱个人养老金有望成为中国版IRA　　陈　凯/219

政府工作报告中的医疗保障：完善多层次医疗

　　保障体系　　　　　　　　　　　　　　吴海青/224

当前我国社会养老保险基金收支平衡改革的

  经济学思考   周新发/228

养老金的国债性质与财务分析   朱南军/233

长期护理保险如何可持续   刘子宁/237

养老保险提升健康老龄化水平   吕有吉/241

京津冀基本公共服务均等化与社会保险   朱南军/245

多个主体合力建设长期护理保险   姚　奕/250

"二孩"政策能否提高养老保险基金可持续性 吴海青/255

> # CCISSR 理论综合

2019年中国保险业发展回顾与评析[①]

郑 伟

2020-01-16

2019年中国保险业发展稳中有进,保险监管持续完善,农业保险和健康保险迎来新政,保险业持续服务经济社会发展,对外开放进一步扩大。

一、2019年中国保险业发展概况

(一)保险业经营情况

2019年1—11月,全国保险业原保险保费

[①] 《中国金融》2020年第2期。

收入为39 620亿元,同比增长11.9%;原保险赔付支出为11 498亿元,同比增长3.7%。截至2019年11月末,保险资金运用余额为179 641亿元,同比增长12.1%;保险业资产总额为201 188亿元,同比增长11.7%。

（二）保费收入

2019年1—11月,保险业原保险保费收入39 620亿元,同比增长11.9%。按业务分类,财产险业务原保险保费收入为10 528亿元,同比增长8.5%;人身险业务原保险保费收入为29 092亿元,同比增长13.1%。在人身险业务中,寿险业务原保险保费收入为21 434亿元,同比增长9.0%;健康险业务原保险保费收入为6 564亿元,同比增长29.8%;意外险业务原保险保费收入为1 094亿元,同比增长9.9%。此外,人身险公司未计入保险合同核算的保户投资款新增交费为7 887亿元,同比增长8.8%;投连险独立账户新增交费346亿元,同比增长9.6%。

（三）保险赔付支出

2019年1—11月,保险业原保险赔付支出为11 498亿元,同比增长3.7%。其中,财产险业务赔付为5 651亿元,同比增长9.2%;人身险业务赔付为5 847亿元,同比减少1.2%。在人身险业务中,寿险业务赔付为3 511亿元,同比减少15.5%;健康险业务赔付为2 069亿元,同比增长35.8%;意外险业务赔付为267亿元,同比增长11.3%。

（四）保险资金运用和资产情况

截至2019年11月末,保险资金运用余额为179 641亿元,同比增长12.1%。其中,银行存款为24 164亿元,同比增长4.0%;债券为63 090亿元,同比增长12.8%;股票和证券投资基金为22 546亿元,同比增长13.3%;其他投资为69 841亿元,同比增长14.0%。

截至2019年11月末,保险业资产总额为201 188亿元,同比增长11.7%。其中,财产险公司资产总额为23 097亿元,同比减少2.5%;人身险公司资产总额为164 801亿元,同比增长15.4%;再保险公司资产总额为4 218亿元,同比增长16.0%;资产管理公司资产总额为595亿元,同比增长11.8%。截至2019年11月末,保险业净资产为24 361亿元,同比增长22.4%。

二、保险监管持续完善

2019年,保险业风险处置工作进展顺利,并在风险处置、市场行为监管、公司治理监管、资产负债管理监管等领域出台了一系列政策法规。

(一)风险处置

2019年,保险业防范化解金融风险攻坚战取得关键进展,问题金融机构得到有序处置,保险领域重点风险得到缓解。

2019年7月,经中国银行保险监督管理委员会(以下简称"银保监会")批准,中国保险保障基金有限责任公司、中国石油化工集团有限公司、上海汽车工业(集团)总公司共同出资设立大家保险集团,注册资本203.6亿元。大家保险集团将依法受让安邦人寿、安邦养老和安邦资管股权,并设立大家财险,依法受让安邦财险的部分保险业务、资产和负债。大家保险集团的设立,标志着安邦集团风险处置工作取得阶段性成果。

（二）市场行为监管

2019年保险市场行为监管工作持续推进，主要涉及人身保险责任准备金评估、商业银行代理保险业务、保险消费者权益保护等方面。

在人身保险责任准备金评估方面，2019年8月，银保监会发布《关于完善人身保险业责任准备金评估利率形成机制及调整责任准备金评估利率有关事项的通知》，主要内容包括：第一，支持中国保险行业协会设立人身保险业责任准备金评估利率专家咨询委员会，定期研究讨论评估利率调整的必要性及其影响；第二，优化人身保险业责任准备金评估利率形成机制，适时调整评估利率水平；第三，调整部分险种的评估利率水平，对2013年8月5日及以后签发的普通型养老年金或10年以上的普通型长期年金，将责任准备金评估利率上限由最高年复利4.025%调整为3.5%。这些规定有利于完善人身保险业责任准备金评估利率形成机制，筑牢防范人身保险市场系统性风险的底线，推动人身保险市场高质量发展。

在商业银行代理保险业务方面，2019年8月，银保监会发布《商业银行代理保险业务管理办法》（以下简称《管理办法》），从业务准入、经营规则、业务退出、监督管理等方面进行规范。《管理办法》规定，商业银行对保险代理业务应当进行单独核算；商业银行对取得的佣金应当如实全额入账，严禁账外核算和经营；商业银行代理保险业务应当严格遵守审慎经营规则，不得有将保险产品与储蓄存款、基金、银行理财产品等产品混淆销售，将产品收益简单类比，夸大保险责任或者保险产品收益等行为。这些规定对于保护消费者合法权益、促进商业银行代理保险业务规范健康发展,具有积极意义。

在保险消费者权益保护方面,实行标本兼治。一方面是治标之举,2019年10月10日,银保监会发布《关于开展银行保险机构侵害消费者权益乱象整治工作的通知》,提出"要以深化整治侵害消费者权益乱象为重要抓手,切实维护金融消费者合法权益",并要求"在全面排查的基础上,逐项列出问题清单并对照整改"。另一方面是治本之策,2019年11月,银保监会发布《关于银行保险机构加强消费者权益保护工作体制机制建设的指导意见》,从体制、机制、监管和行业自律等方面提出具体意见,是一份在保险消费者权益保护工作方面具有基础性和框架性意义的政策文件,对于推动保险机构贯彻以人民(消费者)为中心的发展思想、加强保险消费者权益保护工作,具有重要意义。

(三)公司治理监管

2019年保险公司治理监管工作持续完善,出台了关联交易管理、公司治理监管评估等政策法规。

2019年8月,银保监会发布《保险公司关联交易管理办法》,从完善关联方认定标准、科学制定监管指标、加强穿透监管、完善内控和问责机制、加强信息披露、强化监管职能等方面进行规范。这些规定有利于加强保险公司关联交易监管,打击通过违规关联交易进行利益输送,防范金融风险。

2019年11月,银保监会发布《银行保险机构公司治理监管评估办法(试行)》(以下简称《评估办法》),从评估内容和方法、评估程序和分工、评估结果和运用等方面进行规范。评估内容主要包括党的领导、股东治理、董事会治理、监事会和高管层治理、风险内控、关联交易治理、市场约束、其他利益相关者治理等八个方面。《评估办法》对于加强银行保险机构公司治理监管、提升公司治理有效性、引导规范银行保险机构提升公司治理水平,具有积极意义。

(四)资产负债管理监管

2019年7月,银保监会发布《保险资产负债管理监管暂行办法》,与2018年银保监会发布的五项监管规则共同构成保险资产负债管理监管制度框架。保险资产负债管理评估包括能力评估和量化评估两个方面,其中量化评估要求保险公司加强期限结构匹配、成本收益匹配和现金流匹配等三方面的管理。银保监会将依据资产负债管理的能力评估和量化评估评分,对保险公司实施差别化监管。《保险资产负债管理监管暂行办法》的发布,对于防范保险业资产负债错配风险、提升保险公司资产负债管理能力、加强资产负债管理监管硬约束,具有重要的促进作用。

三、农业保险和健康保险迎来新政

2019年,保险业在一些重要领域迎来新政,其中最明显的,一是农业保险,二是健康保险。

(一)农业保险

2019年5月,中央全面深化改革委员会第八次会议审议并原则同意《关于加快农业保险高质量发展的指导意见》(以下简称《指导意见》)。2019年10月,财政部、农业农村部、银保监会和林草局等四部委联合印发该《指导意见》。《指导意见》从顶层设计上明确了加快农业保险高质量发展的指导思想、基本原则、主要目标、保障措施等,是在新的历史时期推动我国农业保险改革发展的重要举措,是今后一段时期开展农业保险工作的根本宗旨。

近年来我国农业保险发展取得了长足进展,我国已成为世界第二大农业保险国家,用十几年时间走过了美国近百年的发展历程。但同时,与国家要求、农户风险保障需求以及国际先进水平相比,我国农业保险还有很大的发展空间。在此背景下,《指导意见》明确了农业保险的政策性属性,拓展了农业保险的内涵和外延,突出强调了提质增效、转型升级的要求,并提出了到2022年和2030年的农业保险发展目标。

银保监会表示,将按照政府引导、市场运作、自主自愿、协同推进的原则,扩大农业保险覆盖面,提高保障水平,拓宽服务领域,优化运行机制,完善大灾风险分散机制,加强基础设施建设,规范市场秩序,推动农业保险高质量发展。可以说,以《指导意见》出台为标志,我国农业保险将进入一个高质量发展的新时期。

(二) 健康保险

2019年11月,银保监会发布新修订的《健康保险管理办法》(以下简称"新《健康保险管理办法》"),以替代2006年版《健康保险管理办法》。

与2006年相比,2019年健康保险发展的内外部环境,包括医药卫生体制、医疗保障制度、健康保险行业等,都发生了深刻的变化。2006年健康保险保费收入为377亿元,占人身保险市场的9%;2019年前三个季度,健康保险保费收入为5677亿元,占人身保险市场的22%。按可比口径换算,2019年的健康保险保费规模是2006年的20倍,健康保险已经逐渐成为国家多层次医疗保障体系的重要组成部分。但同时,健康保险快速发展也带来了不少潜在的风险。在这样的背景下,新《健康保险管理办法》的出台恰逢其时。

新《健康保险管理办法》在机构、产品、销售、监管等方面提出了具体要求。从机构看,鼓励专业经营。从产品看,要求产品规范,明确了各类健康保险产品的特点和要求,强调坚持健康保险的保障属性。从销售看,强调消费者权益保护,保险公司不得非法搜集、获取被保险人除家族遗传病史之外的遗传信息、基因检测资料,不得要求消费者提供,也不得以这些信息资料作为核保条件。从监管看,体现了"与时俱进",比如,保险公司可以在保险产品中约定对长期医疗保险产品进行费率调整;将"健康管理服务与合作"独立设章,支持保险公司将健康保险产品与健康管理服务相结合,明确健康管理服务分摊的成本可以高达净保费的20%。

四、保险业持续服务经济社会发展

2019年,保险业持续服务国家经济社会发展,较为突出的表现,一是保险资金服务实体经济,二是疫苗责任强制保险服务社会治理。

(一)保险资金服务实体经济

2019年,保险资金在服务实体经济方面持续发力,为国家重大战略、制造业和新兴产业发展提供了长期稳定的资金支持。截至2019年11月末,保险资金运用余额为18.0万亿元,同比增长12.1%;保险资金除投资银行存款外,累计通过债券、股票、证券投资基金和其他投资等方式,为实体经济直接融资15.5万亿元,同比增长13.4%。根据《中国银行保险报》发布的信息,截至2019年11月末,保险机构累计发起设立各类债权、股权投资计划1265只,合计备案(注册)规模为2.91万亿元;其中,参与长江经济带建设为6149.81亿元,支持京津冀协同发展为2549.22亿元,支持振兴东北老工业基地为569.02亿元;参与市场化债转股落地总金额超过700亿元,标的企业涉及煤炭、能源、船舶制造、电力等行业。

在服务资本市场方面,保险资金发挥了重要机构投资者的作用。根据《中国银行保险报》发布的信息,银保监会支持保险资金投资科创板上市公司股票,支持保险资产管理公司设立专项产品,参与化解上市公司股票质押流动性风险,截至2019年11月末,专项产品已注册规模达1360亿元。此外,在服务精准脱贫方面,保险资金支农支小融资业务试点规模已由50亿元增加至250亿元。

(二)疫苗责任强制保险服务社会治理

2019年6月,十三届全国人大常委会第十一次会议通过《中华人民共和国疫苗管理法》,规定国家实行疫苗责任强制保险制度,疫苗上市许可持有人应当按照规定投保疫苗责任强制保险;疫苗上市许可持有人未按照规定投保疫苗责任强制保险的,最高可被处以200万元的罚款。此外,国家鼓励通过商业保险等多种形式对预防接种异常反应受种者予以补偿。

疫苗责任强制保险作为又一个国家强制保险制度安排,说明了保险与社会治理的紧密联系。一方面,随着社会发展,政府越来越认识到保险是市场经济条件下风险管理的基本手段,越来越多地在社会治理创新中引入和运用"保险思维",越来越多地从"推进社会治理现代化"的角度对保险业提出要求;另一方面,面对经济发展和社会进步对保险业的要求,面对加强和创新社会治理对保险业的需求,保险业如何担当重任,是保险业需要认真思考和回答的长期重大课题。

五、保险业进一步扩大开放

根据银保监会发布的信息,2019年银保监会新推出19条对外开放措施,批准51项外资银行保险机构筹建和开业申请。2019年10月,国务院修改后的《中华人民共和国外资保险公司管理条例》放宽了外资保险公司准入条件,作为配套规定,2019年12月银保监会修订发布《中华人民共和国外资保险公司管理条例实施细则》(以下简称《实施细则》)。

此次修订《实施细则》,主要落实两方面的对外开放举措。一是放宽外资人身险公司外方股比限制,规定外国保险公司与中国的公司、企业合资在中国境内设立经营人身保险业务的合资保险公司,其中外资比例不得超过公司总股本的51%,中国银行保险监督管理委员会另有规定的,适用其规定,为2020年适时全面取消外方股比限制预留制度空间。二是放宽外资保险公司准入条件,不再对"经营年限30年""代表机构"等相关事项作出规定。

保险业作为当年中国加入WTO谈判的焦点和加入WTO后对外开放的排头兵,在中国整个对外开放战略布局中一直居于重要地位。与2001年中国加入WTO时的情况不同,那时很多人对中国保险业和中资保险公司没有信心,担心"狼来了",而现在早已今非昔比,中国保险市场规模已经跃居世界第二位,中资保险公司已经成为"全球系统重要性保险机构",中国保险业具备了进一步加大开放力度、加快开放进程的条件。

把握战略机遇 深化四项改革

孙祁祥

2019-03-20

2019年的《政府工作报告》强调指出,我国发展仍处于重要战略机遇期。这是对我国当前经济发展环境的一个重要研判。

在确定经济发展战略和方向的时刻,研判比实干更重要。只有弄清我们所处的时代特征、主客观环境、发展因素与约束条件,我们才能更好地利用优势抓住机遇、应对挑战、有所作为。为此,我想针对"重要战略机遇期"这一问题谈一些个人看法。

一、认清世界发展四大规律、把握重要战略机遇

"重要战略机遇期"这一重要提法是在2002年召开的党的十六大报告中首次做出的。报告指出:"综观全局,二十一世纪头二十年,对我国来说,是一个必须紧紧抓住并且可以大有作为的重要战略机遇期。"回望历史,我国确实在21世纪初叶,充分利用了国内外的有利环境,把握住了"重要战略机遇期"提供的宝贵机会,实现了快速发展。2002—2012年,我国国内生产总值从12万亿元增长到54万亿元;按不变价格计算,年均GDP增速为10.56%;GDP排名从全球第六位上升全球第二位;我国人均国民收入从1 110美元增长到5 940美元,完成了从中低收入国家向中高收入国家的转变。

21世纪前20年即将进入尾声,如何在风云变幻的国内外形势中把握时代赋予的重要战略发展机遇,是当下需要冷静思考并清醒认识的重大问题。伴随我国经济总量跃居世界第二,科技发展新突破不断涌现,全球治理体系地位不断提升,人口结构发生显著变化。我认为,以下四大客观的世界发展规律,为我们研判当前形势、把握未来重要战略机遇提供了一个理论框架。

(一)大国演进规律

在人类发展的历史进程中,出现过不同的世界性强国。这些强国的共同点是,都遇到了比较难得的发展机遇,在不同时期世界秩序的形成过程中发挥过重大作用,都在崛起过程中遭遇到强劲的对手,其中不乏各种冲突与战争。当前,我国的经济实力和世界影响力与日俱增,越来越多的国家,特别是发展中国家愿意与中国开展紧密合作,中国提出的"一带一路"倡议受到了

国际社会的普遍欢迎,对外开放格局进一步扩大,给中国经济的发展提供了新的机遇。但中国的崛起难免打破原有的世界格局和国际平衡,触碰大国利益。妥善处理好与大国之间的矛盾关系,将减少我国发展的阻力与障碍。我认为,在利用大国形象的有利地位创造更多发展机遇的同时,通过对话沟通、互利共赢的方式化解矛盾和冲突,处理好内部张力与外部压力之间的关系,是我们当前面临的重大议题。

(二)科技发展规律

人类进入到信息社会,科技发展呈现三个重要特征:从科学原理和规律的探索、揭示,到产业化之间的周期越来越短;科学技术一体化的趋势越来越强;科技发展速度的数量级明显提升,技术迭代加速。一些特定领域,如信息技术领域,还呈现出指数级的增长态势。虽然与发达国家相比,我国在基础研发能力和科研环境等方面还存在差距,但是在科技发展规律的作用下,我国完全有可能在某些前沿技术领域实现弯道超车。如果说,中国面临百年未有之大变局,那么,这个大变局的重要内容之一就是人类历史上前所未有的高科技迅猛发展的态势。若抓住这一重要战略发展机会,我国极有可能在全球通信领域的技术高地取得一定优势,成为国际通信技术新标准和规则的参与者或制定者,并推动世界技术的变革。

(三)风险演化规律

随着科技的发展和经济全球化的深入,一方面,日益扩大的互联互通给商品、资本、技术等在全球的流动带来便利,极大地提升了价值创造的规模和速度;另一方面,风险发生的频率越来越高,蔓延速度越来越快,涉及的主体越来越多,交互影响越来越深,造成的损失也越来越大。任何一隅的问题,都可能演变为全局甚至全球性问题。中国经济已嵌入全球经济一体化的大潮流中,在享受全球化贸易便利的同时,也面临巨大的外部输入性风险。我国在当下需要格外强化对国际经贸风险的预警与应对机制。只有这样,我们才能在充分利用全球化带来的重要发展机遇的同时,防止风险的积累和蔓延给中国的经济发展可能带来的严重打击。

(四)人口发展规律

人类社会的发展进程表明,随着经济的发展、人们收入水平的提高和医疗条件的改善,人类的预期寿命会越来越长。人口老龄化既体现了人类社会发展的成就,也是当今国际社会所面临的最为重大的一个挑战。人口红利是过去几十年推动中国经济增长的一个重要因素,但是在多种因素作用下,中国成为当今世界人口老龄化规模最大、增速最快的国家之一。伴随人口老龄化的加速,出现了适龄劳动人口的短缺,给一些行业和领域造成了不利影响。国际货币基金组织2017年公布的一份报告指出,未来30年,中国的适龄劳动人口可能减少1.7亿。中国将面临严峻的"老龄化"挑战。

适龄劳动力的短缺、老龄化的加剧,增加了经济的下行压力,但如果应对得当,也可以化"危"为"机"。在互联网、人工智能等新技术迅猛发展的今天,适龄劳动人口的下降为数字自动化生产等新一代生产技术的革新留出了空间。随着社会保障制度改革的深入,多层次养老保险体系的建立,与人口老龄化相关的产业,包括康养产业、养老保险、社区养老护理等也进入了发展的快车道,撬动并将持续开发出许多新的商机。我们可以很好地顺应和运用规律。在老龄化程度日益加深的今天,"银发经济"应当成为国家战略发展最为重要的考量因素之一。

大国演进规律、科技发展规律、风险演化规律和人口发展规律为中国的发展设定了宏观背景。在新的发展起点上,世界格局与人们的认知也发生了三个重要而深刻的变化。一是世界对我们的认知:中国是崛起的大国,是不可忽视的力量。但也正因为如此,国际上一些错误的说法和论调也不时出现,给中国的发展造成了一定干扰。二是我们对世界的认知:全球治理结构发生了重大变化;世界多极化趋势更加明显、地缘政治冲突不断加剧;虽然曲折不断,但经济全球化是一个不可逆的进程;中国有责任去推动经济全球化的更深入发展,构建人类命运共同体。三是我们对自己的认知:中国从世界舞台的边缘逐渐接近世界舞台的中央,我们离实现中华民族伟大复兴的目标越来越近。随着改革开放所取得的成就,国民也变得越来越有底气和自信,但有时也出现了一些困扰。

二、用好四种力量、深化四项改革

面对新的重要战略机遇期,我们应当用好四种力量:开放的力量、政府的力量、科技的力量和企业家的力量,这是国际经济发展和中国四十多年改革开放留给我们的宝贵经验。而四种力量能够得到充分发挥的前提和保障是深化四项改革:政府自身改革、供给侧改革、科技体制改革和所有制改革。

(一)政府自身改革

政府自身改革伴随中国改革开放的全过程,但时至今日,政府越位、缺位、错位问题仍未得到根本解决。当李克强总理在

2019年的政府工作报告中掷地有声地强调"政府要带头讲诚信守契约,决不能'新官不理旧账',对拖欠企业的款项年底前要清偿一半以上,决不允许增加新的拖欠"时,我们一方面看到了政府改革的决心,另一方面也看到了企业特别是民营企业在市场中拼搏的不易与无奈。政府诚信是一个社会诚信的基础,未来我们应进一步加大政府改革的步伐,明确政府在市场经济活动中的主要作用就是平等保护产权、为市场主体创造公平竞争的市场环境并提供高效服务、从战略高度上配合"市场在资源配置中决定性作用"的发挥。

(二)供给侧改革

2015年中央提出"供给侧结构性改革"以来,改革已经取得一些成效,但任务仍然艰巨。供给和需求是经济活动中矛盾的对立统一体,在经济发展的不同时期因为各种因素的综合作用,供给方或者需求方成为主要矛盾或者矛盾的主要方面。我们需要深究的是,为什么有效供给长期不足、无效供给严重过剩?为什么供给结构不能适应需求结构的变化而变化?为什么企业的创新能力不足?为什么产业的转型升级困难重重?为什么会存在大量的"僵尸企业"?我认为,造成上述问题的关键还是市场化改革不够,政府对微观经济的放权不同步、不协调、不到位。因此说,"供给侧改革"的核心是政府自身改革。只有政府改革取得实效,"供给侧改革"才能真正取得实效。

(三)科技体制改革

中华人民共和国成立以来,特别是改革开放四十多年来,我国在科技领域取得了巨大的成就,但"总体上看,在信息通信、高端装备、工业基础材料、航空航天、生物医药等关键领域和关键产业,我国存在明显的短板"(中科院院长白春礼院士语)。要解决这些问题,必须深化科技体制改革。目前,我国的科研申报制度、评价体制、经费管理制度、成果转化制度等都存在不足与缺陷。政府在科技项目监管等微观管理上介入过多过细,影响高校、研究机构和企业的自主决策,导致原创能力偏低;科技资源配置和管理体制不顺,跨机构、跨地区的开放共享不足,利用效率低下,闲置现象突出,科技成果转化率处在较低水平。2019年的《政府工作报告》提出,"要在推动科技体制改革举措落地见效上下功夫,决不能让改革政策停留在口头上、纸面上。大力减除烦苛,使科研人员潜心向学、创新突破"。

我们希望这些措施都能真正得到落实,由此为科技人员提供安心科学研究的环境,让创新成果不断涌现。与此同时,中国还需要进一步加大科研投入,加快高新技术的研发,发挥集中力量办大事的体制优势。

(四)所有制改革

中国改革取得巨大成就的经验之一就是破除"国有经济崇拜",确立"公有制为主体、多种所有制经济共同发展"的基本经济制度。党的十五大提出:公有制为主体,多种所有制经济共同发展,是我国社会主义初级阶段的一项基本经济制度。但在实践中,总有反复,总有动摇。特别是前不久社会上出现的一些怀疑甚至否定民营经济的言论,引发了一些思想混乱,冲击了市场的预期。实践证明,多种所有制经济共同发展不但有利于各种所有制主体取长补短、相互促进、共同发展,而且能够有力地促进资本的国际流动,加快我国开放型经济新体制的形成。更为重要的是,它能够从根本上推动我国经济运行机制的转变,并为市场决定作用的发挥提供重要的体制机制保障。

深化包括上述改革在内的各项改革,我们就能进一步释放开放红利、制度红利、科技红利和企业家红利,为下一步的发展创造有利时机和条件,而这一切都应当以改革的终极目标为出发点和实现条件。

41年前,中国共产党启动了改革开放这场史无前例的伟大实验。改革是民众的事业,如果没有亿万人民群众的改革激情、首创精神和积极参与,改革也不会取得今天的巨大成就。民生决定民心、民心聚集民力。如果我们不能很好地满足人民对更高生活质量和基本公共服务均等化的强烈意愿和要求,人民参与改革的热情将会下降,由此改革的难度会加大,遑论改革红利的释放。

由此来看,在新的"重要战略机遇期"内,我们还需要加快建立健全对社会公平正义具有重大作用的制度,逐步建立起以权利公平、机会公平、规则公平为主要内容的社会公平保障体系,以制度来保障公平的社会环境,保证人民平等参与、平等发展和平等享有机会,促进社会公平正义的实现。

织牢织密健康保障网的关键

孙祁祥

2019-04-10

前不久参加由中国发展研究基金会主办的《织牢织密保健网——商业健康保险与基本医疗保险衔接机制研究》（以下简称《衔接机制研究》）的报告发布会，引发了我对以下三个问题的一些思考：一是健康保障研究的基本假定，二是商业健康保险与基本医疗保险衔接的意义何在，三是实现商业健康保险与基本医疗保险有效衔接的核心问题是什么。

一、健康保障研究的基本假定

日常生活中，存在几个非常有趣的现象，我

们姑且将它们称作"健康保障研究的三个基本假定"。

一是"健康认知"中的"吉登斯悖论"特征明显。英国著名的社会学家、政治学家安东尼·吉登斯（Anthony Giddens）在其2009年所著的《气候变化的政治》（*The Politics of Chimate Change*）一书中提出了以自己名字命名的"吉登斯悖论"——在直觉上不可见或者无形的问题可能在其效果和影响方面却是巨大的。吉登斯悖论很好地解释了气候变化问题里存在的一个矛盾困境：累积效应的严重性、可见性，与日常生活中的式微性、不可见性之间的矛盾，由此使得气候变化问题的解决方案在实践层面上总是难以落到实处。而一旦气候变化的后果变得严重、可见和具体，人们就很难再有行动的余地了，因为一切都太晚了。

在我看来，人们对健康的认知与"吉登斯悖论"所指的环境气候问题具有极强的相似性。人们在年轻、身体好的时候，通常不太会把健康当回事，也很难将健康保障纳入其规划之中。但铢积寸累，一旦身体出了状况，往往为时晚矣。

二是健康问题的负外部性非常突出。有一句格言这样说道："有两种东西丧失之后，你才会发现它的价值，那就是青春和健康，但青春逝去，未见得活力不在，睿智不在，优雅不在；而失去健康，即使青春犹在，年轻于你何用？财富于你何用？时间于你何用？"这是我在北京大学2017年开学典礼致辞中说的一段话，引发了许多人的强烈共鸣。事实上，当一个人失去了健康以后，不仅是年轻、财富、时间等这些宝贵的东西与他无关，他自己的健康状况不佳也会影响工作，而且会耗费大量的医疗资源、社会资源，甚至拖累整个家庭。

三是健康保障的边际支出递增。"边际"是经济学中的一个重要概念,我们常见的是边际效用递减、边际收益递减、边际报酬递减等现象,但在健康保障领域,则是一个完全相反的趋势:健康保障的边际支出递增。排除重大疾病和特殊情况,通常来说,由于生理机能随年龄增长而逐渐衰退这一客观规律的作用,健康保障的收益将随年龄的增长而递减,而健康保障的支出将随年龄的增长而递增。有研究指出,一个人一生中在健康方面的投入,大约80%花在了临终前一个月的治疗上。

基于以上三个假定,产生了三个严重后果:健康威胁的不可预知性、健康成本的高企性和健康支出的不可控性,由此凸显健康议题的极端重要性。特别是在中国老龄化程度加深、老龄人口激增的背景下,健康保障的重要性和严峻性显得更为突出。

从理想的状态来说,进行健康教育,重视健康预防,让人们形成良好的饮食、运动等生活习惯是非常必要和重要的。但俗话说,人吃五谷杂粮,难免生病。因此,人们生病以后,就需要有应对疾病和健康问题的有效措施。

一种方案是完全由政府来提供医疗服务和融资保障,英国就因采取这种模式而成为福利国家的典范。但实践证明,这样做的效果并不理想,受医疗资源约束所产生的"病人等待",无疑是最明显的"缺陷"之一。当然,如果我们到达了马克思所说的共产主义的高级阶段,物质财富充分涌流,没有资源耗尽之虞,也许可以这样做,但从目前的经济发展阶段来看,恐怕次优的选择还是政府、社会、个人各方共同来织就一张健康保障网,这也就是我国目前已经基本建立起来的以医疗救助层为保底层、基本医疗保险为主体层、商业健康保险和其他医疗保险为补充层的中国特色多层次医疗保障体系。

二、商业健康保险与基本医疗保险衔接的意义何在

建立不同层次的医疗保障是有现实依据的,这个依据就是人们的需求不一样。供求机制决定了建立不同层次、满足不同人群医疗保障机制的必要性。既然有这样三个层次的保障网,分别锚定不同的目标人群,那么,为什么要实现商业健康保险与基本医疗保险的衔接呢?换句话说,二者衔接的目的和意义何在?

我认为,最重要的目的和意义就是由经济学中的一对基本矛盾关系,即公平与效率的关系引申出来的。

从理论上来说,一方面,各项医保制度的目标人群可能存在交叉,这可能造成资源的浪费,这属于效率问题;另一方面,由于缴费水平不同,各项制度的给付待遇之间存在很大差距,导致卫生资源分配不公,这属于公平问题。也就是说,因为商业保险与社会保险的不衔接,既可能损失公平,也可能丧失效率。而如果商业健康保险和基本医疗保险能够有效衔接,就会大大缓解公平与效率的减损问题。

《衔接机制研究》课题组的实践调研结果充分证实了这一论点。随着新医改的不断深化,商业健康保险与基本医疗保险的衔接形式,已经由商业健康保险产品对基本医疗保险的补充,逐渐拓展为经办基本医疗保险、承办大病保险、补充基本医疗保险以及与基本医疗保险的信息共享和互联互通,取得了一定的成效,表现在以下几个方面:

一是商业保险机构经办基本医疗保险,有效地提高了统筹

层次和保障水平,减轻了群众的医疗费用负担,缓解了因病致贫、因病返贫。例如,广东省湛江市城乡居民项目在经由商业保险机构经办后,城乡居民参保群众住院报销封顶线从2009年的1.5万元提高到一档16万元和二档18万元。

二是商业保险机构通过运用其专业技术优势,加大对不合理医疗行为的监督和管控,遏制了部分地区不合理医药费用的快速增长势头,提高了基本医疗保险基金的使用效率。

三是商业保险机构通过专业化的管理,节约了基本医疗保险基金,总体上降低了运行成本。例如,河南洛阳在开展此项工作的第二年,城镇居民医疗保险人均医疗费用就由上年的2 160元降至1 640元。中国人寿在河南多地基本医疗保险经办工作中推广医保智能监控系统,2017年仅开封就检查出违规事项29 215条,涉及金额5 492.65万元;人工初审下发4 210条,涉及金额785.66万元。

三、实现商业健康保险和基本医疗保险有效衔接的核心问题是什么

从目前来看,商业健康保险与基本医疗保险的衔接还存在许多问题,例如规模小、总体水平不高、保障的范围有限且精准性不够、公平性不足等。产生这些问题的根源与商业健康保险种类不够丰富、险种类别失衡;商业健康保险与基本医疗保险的系统独立运行,难以实现互联互通和信息共享等有关。但我认为,根本原因还在于我们没有完全处理好商业健康保险与基本医疗保险有效衔接的核心问题,也就是政府与市场的关系问题。

可以说,整个经济学说史就是一部国家干预与自由放任的

论争史。也可以说,整个经济的演进史就是一部政府与市场的关系调整、变化的发展史。说得直白一些,经济发展既离不开市场,也离不开政府。可以讨论的是,在哪些领域、哪些行业甚至哪些产业,政府和市场的作用如何体现。而我认为,在社会保障领域,包括养老、医疗等,政府一定不能缺位,不但不能缺位,还必须承担起主体责任。然而,主体责任的发挥绝对离不开市场。没有市场作用的有效发挥,我们的医疗保障就会既损失公平,又丧失效率,大量的实践已经证明了这一点。只有从理念上充分认识这一点,才能从顶层设计上做好各项制度、措施、手段的安排,实现商业健康保险和基本医疗保险的有效衔接;只有商业健康保险和基本医疗保险各自发挥比较优势,我们才能织牢织密健康保障网,共同应对健康威胁的不可预知性,以及健康成本的高企性和健康支出的不可控性,为全体国民提供有效健康保障。

从就业人口总量下降看养老保险形势

郑 伟

2019-05-23

人口是影响一国经济发展的关键因素之一,本文从人口与经济关系的视角讨论对养老保险改革的若干思考。

近百年来,我国人口发展经历了三个大的阶段。第一阶段大致对应1949年之前,主要特点是高出生、高死亡、低增长;第二阶段大致对应1949年至改革开放之前,主要特点是高出生、低死亡、高增长;第三阶段大致对应改革开放之后,主要特点是低出生、低死亡、低增长。

2018年,我国60岁及以上人口占总人口比例为17.9%,65岁及以上人口占总人口比例为11.9%。自2012年起,我国劳动年龄人口(16—59岁)的数量和比例连续7年出现"双降",7年间减少了2600余万人。并且,受劳动年龄人口持续减少的影响,劳动力供给总量下降,2018年全国就业人口总量也首次出现下降,预计今后几年还将继续下降。"就业人口总量"是影响经济增长的核心指标之一,需要引起高度关注。

如果把时间轴拉得更长一些,先向后看历史,根据中华人民共和国成立以来六次人口普查的数据,人口总抚养比从1964年的高点79.4%降至2010年的低点34.2%,总抚养比下降不是来自老年抚养比(老年抚养比从1964年的6.5%升至2010年的11.9%),而是来自少儿抚养比的大幅下降(少儿抚养比从1964年的72.9%大幅降至2010年的22.3%)。总抚养比下降形成的"人口红利"是推动改革开放前三十多年经济高速增长的重要因素。再向前看未来,根据我们的测算,人口总抚养比将从2010年的34.5%(年中数,与人口普查年末数略有差异)升至2030年的49.7%、2050年的73.9%、2060年的89.2%,并在21世纪后半期持续在90%左右的高位徘徊。未来总抚养比大幅上升不是因为少儿抚养比的上升(少儿抚养比上升不超过3个百分点),而是因为老年抚养比的大幅上升(老年抚养比上升超过50余个百分点)。

虽然人口不是影响经济的唯一因素,但确实是非常重要的一个因素。因此我们在讨论一国未来的经济增长潜力、进行国际比较时,不能忽视人口因素的影响,否则可能得出大相径庭的结论。

比如,如果单从"人均GDP所代表的经济发展阶段"看,2010年的中国类似于1960年的日本,若如此,那么似乎可以得出中国此后还有至少20年平均8%以上经济增长潜力的结论。但是,如果考虑人口因素(比如根据蔡昉教授的系列研究),中国的刘易斯转折区间是2004—2010年,日本的刘易斯转折区间是1960—1990年。若如此,意味着中国2010年人口视角的经济形势类似日本1990年的状态,那么我们就不得不调低中国经济潜在增长率的预期了。蔡昉教授测算的"十一五"至"十三五"期间中国经济潜在增长率分别为10.5%、7.6%和6.2%,因此当前经济增长从高速转向中高速,进入新常态,不是周期因素使然,而是包括人口因素在内的长期规律所致。

在中国经济进入新常态、经济潜在增长率下降这样一个大背景下,养老保险改革应当注意什么?基本养老保险如何定位?政府与市场关系如何处理?对于这些问题的回答,不能就养老保险谈养老保险,而应将养老保险置于更大的经济背景下来讨论,否则就可能失之偏颇。

关于养老保险,有两种较为极端的观点:一种观点认为老龄化是人们可预期的趋势,人们可以自己为养老做准备,而且每个人对养老保险的需求不同,众口难调,因此不必由国家提供,应当交由市场安排;另一种观点认为国家在应对人口老龄化风险方面具有比较优势,养老保险应由国家包下来,由国家来提供,这样更有效。这两种观点应当说都有一定道理,但也都存在明显的问题。

一方面,老龄化确实是人们可以预期的趋势,人们可以自己为养老做准备,但总有一部分人是短视的,国家强制保险在一定程度上可以解决个人短视问题,降低老年贫困发生率,否则面对老年贫困问题,国家最终还是需要动用社会资源去解决,会增加社会负担。因此从这个意义上讲,如果国家完全不提供养老保险,似乎不太可行。

另一方面,国家在应对人口老龄化风险方面确实具有一定的比较优势,比如通过强制保险可以降低逆选择和参保成本。但是许多实证研究也显示,国家保险在一定程度上会挤出私人自我保险,也就是说,国家保险在提高养老保障水平方面的功能,可能没有人们想象的那么强。此外,国家提供的养老保险水平越高,企业的经济负担通常也会越重,对一国经济增长可能不是好事。因此从这个意义上讲,如果由国家提供过高的养老保险水平,似乎也不是一个有效的制度安排。

基于以上讨论,一个合理的选择就是,国家提供基本养老保险,基本养老保险定位于"保基本",基本的部分由国家提供,基本以上的部分由市场解决。

如果将这个讨论放在"中国经济潜在增长率下降"这样一个大背景下,坚持"基本保险保基本"的定位就更加重要了。长期以来,许多人习惯于就养老保险谈养老保险。对此需要反思的是,养老保险不是存在于实验室中,而是存在于真实世界中;养老保险制度发展,依赖于经济环境的支撑——经济好,养老易;经济差,养老难。如果完全就养老保险谈养老保险,而不考虑养老保险不可避免带来的经济扭曲和无谓损失等对经济的负面影响,甚至因为养老保险将经济拖垮,那么问题就严重了——皮之不存,毛将焉附?!因此,我们应当推进"经济友好型"养老保险改革,即要让养老保险改革对经济"友好",要考虑养老保险改革的经济效应,并将之作为改革的一个约束条件——如果养老保险改革能促进经济增长,当然更好;如果不能促进经济增长,那么至少不应抑制经济增长。

养其和　节其流　开其源　时斟酌

锁凌燕

2019-07-16

近期,很多人的朋友圈被一些诸如"养老金结余到2035年将耗尽?""80后成无养老金可领第一代?"的文章刷屏。凭借其主要依据——中国社会科学院发布的《中国养老金精算报告2019—2050》,这类文章依靠吸引眼球的标题,迅速吸引了广泛关注。当然,社会养老保险有国家财政作为"最后付款人",我们并不担心其即期偿付能力;与其说担忧"无养老金可领",不如说我们担心的是社会养老保险基金缴费与支出之间的缺口,担心的是养老保障体系的可持续性能否经受旷日持久的严峻考验。

当前中国社会养老保险制度,本是投保资助型的,其制度初衷是希望能够实现精算平衡,国家财政出于提供信用保障和风险调节的作用给予相应资助,融资责任较轻;但事实上,因为转轨成本还未有效化解,同时又叠加了快速老龄化带来的制度赡养比下降压力(2017年城镇职工基本养老保险的制度赡养比不足2.7,即不到2.7位缴费者对应1位养老金领取者)等各种因素,缴费与支出的缺口日益扩大,也因此导致各级财政补贴基本养老保险基金的金额上升,目前已增加到全年度基金支出的20%以上。令问题更严峻的是,老龄化还在快速发展,且难以逆转——目前,我国65岁以上人口占总人口的比例已经快速地从21世纪初的不到7%上升到2018年的12%,离国际公认的老龄社会标准,即65岁以上人口占比14%预计还有5年时间。在老龄社会,切实履行养老金承诺、营造能够保障有尊严的老年生活的支持性体系,不仅涉及社会公平问题,还关乎稳定与发展全局。

着眼未来,要守护好"80后"及未来各世代的养老金,势必需要"养其和,节其流,开其源,而时斟酌焉"——古人留下来的智慧,仍然非常适用于总结我们现在要关注的养老保险改革方向。

"养其和",指向的是百姓时和、事业得叙,是要稳定民众预期,稳就业、稳内需,增强微观主体活力,提升产业链水平,畅通国民经济循环,推动经济高质量发展。社会养老保险的可持续问题,从总量上讲,终究还是一个经济体的商品与服务等产出,能否支撑当期不同年龄群体消费的问题。如果经济增长动能强劲,劳动生产率不断提升,经济能够持续增长,老年生活安全就能从源头上得到保证。这一点是根本,至关重要。

"节其流",指向的是资源配置的效率。"未富先老"是中国老龄化的重要特征,也决定了我们在应对老龄化带来的挑战时面临更为严格的资源约束。所以"节流"对当下中国的社保改革尤为重要,且至少有三层含义。第一,严防社保基金"跑""冒""滴""漏"等问题,要将有限的资源切实用于实现核心目标;第二,针对"保基本"的制度定位,合理放缓连年上调、泛福利性的"普遍提待",科学把握待遇调整的节奏,精准施策,将有限的资源更多向"底线保障"倾斜;第三,也是当下我们重视不够的,是优化老年服务体系、推动老年服务供给侧改革。老年人需要消费的一篮子商品与服务相对特殊,其中占有很大权重的,是健康咨询与检查、预防、疾病诊治和护理、疾病康复等健康服务,以及生活照护、精神慰藉、文化娱乐等社会服务。从经验上看,老龄社会中这些服务势必要"下沉",要更多地依靠更低成本的居家及社区养老健康及社会服务,避免服务需求不必要地向专业机构聚集,有利于避免资源错配与浪费;同时,如果老年服务组织体系协调有效,能够提供连续的、互相衔接的服务,对于减少资源浪费也大有裨益。事实上,很多发达国家已经在探索整合"人本"服务,例如,挪威立法确认,个人有权与相关服务方一道制订个性化服务计划(individual care plan);新加坡也专门成立护联中心(Agency for Integrated Care,AIC)推进服务协调,相关服务提供者还可以通过 AIC 网站获取个人的相关数据和信息,进而提出更为有效的整合服务方案。以服务对象即个人为中心,推动老年服务供给侧的整合发展,是降低老年生活成本、降低养老保障压力的重要途径。

"开其源",指向的是将资源向养老保险体系"引流"。我们正在推进的改革,大都包含"开源"策略:向社保基金划拨国有资产、化解养老保险转轨带来的隐形债务;通过推进社保降费提升养老保险职工参保率和遵缴率;讨论推进渐进延迟退休,延长缴费期以缓解预期寿命延长带来的偿付压力;积极引导第二、第三支柱发展,扩大养老积累;推进养老保险基金投资体制改革,提升投资收益;等等。未来养老保险的开源策略,还需要继续在充实养老保险基金、提升其投资绩效方面多加努力。

"时斟酌",指向的是相关政策要根据外部环境的变化,及时评估、应时调整。这不仅意味着要重视各项政策参数的可调整性,更意味着我们必须关注变化的外部环境。当前有两个重要趋势是未来改革必须关注的。一是民众消费需求日益呈现多样化格局,但我们的国内市场还不够成熟,服务行业仍然落后于其他国家,生产率仅为经济合作与发展组织(OECD)平均水平的20%—50%。所以,未来还需进一步推动服务业的对内对外开放,更积极地推进老龄相关产业多层次发展,这不仅有助于满足消费者对美好生活的需要,也有助于降低老年生活成本。在这个过程中,商业保险可以积极参与,成为老年服务健康发展的有力促进者。二是高度重视新技术的使用。新技术的发展,为我们更高效地满足消费者需求提供了更多可能,从而有助于养老体系的节流。例如,区块链技术有助于不同机构的数据共享,从而有利于提高整合服务的有效性;人工智能服务有可能提供自我诊疗指引及服务指南,有利于参保人更高效地找到适合自己的服务切入口;等等。类似的新技术在提供整合老年服务方面有广泛的应用空间,需要积极关注。养老保障的提供者,应该将自己定位为新技术生态系统中的强大参与者,积极探索新技术,为可持续发展寻求更广阔的空间。

总体来看,中国社会养老保险的可持续性压力,既来自过去相当长一段时期积累的隐形债务,也来自人口结构变化带来的长寿风险,还来自制度设计中的一些机制问题。形势虽然严峻,但仍然有很多我们可以影响、干预、提升的空间。在发展中逐步化解问题,是我们正确而现实的选择。

信息社会的金融科技与金融监管

孙祁祥

2019-07-24

2019年7月,美国社交媒体公司脸书(Facebook)因违反了此前与美国联邦贸易委员会(FTC)签订的用户隐私同意令,被处以50亿美元的罚款。

这条消息其实算不上什么新闻,因为对脸书来说,类似罚款也并非第一次,所不同的只是,这次罚款被称为"史上最大的一笔"。然而,由脸书事件所引申出来的信息社会背景下金融科技的发展与金融监管的问题则是非常值得讨论的。

人类社会在历经了漫长的农业社会、工业社会以后，于20世纪后半叶逐渐步入信息社会。国家信息中心发布的《2017全球、中国信息社会发展报告》指出，全球126个样本国家中的57个国家——主要都是发达国家，已经进入信息社会。中国的信息化社会虽然仍处于全球中下游水平，但近年来的增长速度明显高于全球平均增长速度，到2020年，中国将整体进入信息社会的初级阶段。

信息社会中，基于信息资源特性基础上的信息经济的运作原理和运行规律，导致社会发生了一系列变化，尤其引人注目的是金融与科技的融合，即金融科技。国际金融稳定理事会指出，金融科技指的是由技术带来的金融创新。它能够产生新的商业模式、应用、过程或产品，从而对金融市场、金融机构或金融服务的提供方式产生重大影响。

毫无疑问，金融科技在深刻改变着金融业态、重塑金融商业模式的同时，也产生了一些新的问题，例如新的垄断形式、新的风险类型和新的风险传播方式，呈现出与传统工业社会的重要差异，由此对信息社会背景下的金融监管提出了新的挑战。

一、信息社会中的垄断

垄断理论是现代经济学中的一个重要范畴。垄断遏制竞争，滋生腐败，导致低效。在传统工业社会，政府可以通过反垄断法规遏制实体经济的垄断行为。而在信息社会，公司和数据的本质属性改变了传统竞争的定义，数据垄断成为垄断的新内容，具体表现在以下几个方面：

第一，信息公司或互联网公司对用户具有明显的锁定效应。信息平台已有的用户优势会吸引更多的潜在用户加入进来，新用户的增加又进一步对已有用户产生锁定效应,而用户的集中也意味着数据的集中。

第二,数字经济具有明显的网络效应。由于产品价值是随着购买这种产品的消费者的数量增加而提升的,这使得规模经济效应和范围经济效应越发明显。消费者越多,公司拥有完善产品和服务的能力就越强,从而吸引更多的用户,产生更多的数据,如此循环往复。

第三,数据收集平台拥有多边市场。互联网平台在为用户提供免费产品服务的同时,收集用户数据,并将数据运用到其他市场进行盈利,从而构成所谓的多边市场。

由此可见,由于信息资源的特性,拥有丰富数据资源和较强数据分析能力的企业,往往占据更加有利的地位。"谁拥有数据,谁就拥有未来"已经成为业界的共识。然而,这里暂且不谈"谁应当是数据的真正所有者"这一目前颇具争议的问题,只是从市场竞争的角度来看,这样一种"数据垄断"是否会造成一种新的信息不对称,由此产生一种新的市场失灵?具有市场支配地位的企业是否会滥用市场势力,由此不仅遏制竞争,而且损害消费者的利益?

传统反垄断法在控制合并的措施上,通常以企业的规模为依据,或者以价格作为消费者是否受损的主要衡量标准。然而,在信息时代,数据的功能延伸程度并不一定与企业的规模成正比,而且市场的边界也越来越模糊,具有市场支配地位的企业所提供的许多产品和服务不仅没有出现所谓的"垄断价格",而且多是免费的,这就使得仅以垄断价格作为判据的理由难以成立。

从目前来看,金融科技的主体主要有三部分:一是以科技为主业,立足科技进军金融行业的科技公司;二是依托传统金融机构,进军科技行业形成的金融科技公司;三是依托于上述两类主体,通过技术外包等方式与上述主体开展业务合作所形成的中小型金融科技公司。在信息社会中,金融企业的形态变得越来越丰富和多元,传统社会的反垄断措施在当今的"数字经济"时代恐难完全适用。因此,如何防止具有市场支配地位的企业滥用市场势力,损害消费者的利益;如何保证各类企业的公平竞争,鼓励创新,提升市场的活力和效率,无疑是金融监管者需要认真思考的问题。

二、信息社会中消费者的隐私安全保护

相比较传统的金融电子化,以大数据、移动支付、人工智能等技术为代表的金融科技,在提升了业务便捷性和效率的同时,也因其多领域的交叉性特点,进一步加深了金融业务的复杂性,并使得信息安全决策更为困难。

信息的价值和成本是经济学的分支——信息经济学的重要内容。安全问题属于信息潜在的成本。信息的载体多以数字化的形式呈现,其可复制、易接触、便储存且分散广泛的属性,使得信息资源较传统物质资源更易被窃取。同时,信息网络已深入经济、国防、科技与文教等各个方面,广泛的信息接入增加了网络安全的脆弱性和复杂性,网络系统一旦崩溃或遭受攻击,带来的经济损失将无法估量。

随着人们对互联网依赖程度的加深,大量恶意程序、各类钓鱼和欺诈行为呈高速增长态势,黑客攻击和大规模的个人信息泄露事件频发,个人隐私和信息安全也受到严重威胁。据中国消费者协会 2018 年发布的《APP 个人信息泄露情况》显示,遇到过个人信息泄露情况的受访者占到 85.2%。自 2011 年以来,全球已有 11.27 亿名用户的隐私信息被泄露。

在信息社会中,如果金融科技的发展是以经济安全和消费者个人隐私受到严重威胁作为代价的话,那么,发展金融科技的意义何在?因此,保护网络经济安全和消费者的个人隐私,无疑是信息社会中金融监管最重要的内容之一。

三、信息社会中的风险传递

从风险管理的角度来看,现代社会的一个重要特点是,风险发生的频率越来越高、蔓延的速度越来越快,各类风险的交互影响越来越深,风险所造成的损失越来越大。这一重要特征在很大程度上是基于现代社会的日益高度互联性。

金融科技的发展既不会自动完全消除期限错配、流动性错配等微观金融风险,也无法自动消除系统性等宏观风险,与此同时,还将带来技术、网络、数据、垄断、隐私泄露等新的风险。而基于互联网的特性,特别是"人类本性"借助互联网"技术特性"的任性挥洒,将使得风险传递和蔓延的速度比以往任何社会形态都更为迅捷。

传统的经济学理论和监管理论是建立在以"理性人"为核心假设的新古典经济学基础上的。但越来越多的实践表明,参与经济活动的人存在大量非理性行为。凯恩斯在《就业、利息和货币通论》(*The General Theory of Employment, Interest, and Money*)中就曾深刻地指出:"我们的大多数决策很可能起源于动物精神(animal spirit)——一种自发的冲动。"因此"除投机所造成的经济上的不稳定性以外,人类本性的特点也会造成不稳定性"。诺贝尔经济学奖得主乔治·阿克洛夫(George Akerlof)和罗伯特·席勒(Robert Shiller)更是在其联袂出版的《动物精神》(Animal Spirits)一书的绪论中明确指出,"事实上,正是我们不断变化的信心、诱惑、嫉妒、怨恨、幻觉,特别是对经济本质的认识,引发了危机——更重要的是,我们现在还不知道将来会发生什么"。在该书中,两位诺奖得主用了五章的篇幅,详细解析了"动物精神是全球金融危机的根源"这一主题。

如果说"动物精神"是人类社会发展中金融危机产生的重要根源的话,那么,金融科技所具备的四大核心要素——跨界化、去中介化、分布式、智能化——在大大提升经济效率的同时,也因其导致的不确定程度加深,极易诱发和刺激人类"动物精神"的本性。而基于信息社会高度互联互通的特性,借助于互联网平台的强大功能,人类"动物精神"的本性还会体现得更加淋漓尽致,由此对金融危机的产生和发展起到更大的推波助澜的作用。因此说,在信息社会的背景下,金融监管者对风险的预警、阻隔和应对必须要有更加足够的警惕和更完善的体制保障。

社会发展的历史表明,现代科学技术给人类社会带来了空前的繁荣。基于信息资源特性基础上的信息经济的运作原理和运行规律,更是推动了金融科技的迅猛发展,由此给整个社会带来了巨大的发展机遇和福利;但历史也同样反复证明,技术的进步回避不了"双刃剑"的问题。如果运用不当,现代科技的发展也可能给社会带来极大的负面影响。这是对全社会提出的一个重大课题,更是对金融监管提出的一个新的挑战。金融监管需要针对新的社会形态做出相应的调整,以在最大限度地鼓励创新、促进市场良性竞争、提升市场效率、保护消费者利益的同时,有效防控风险,确保经济稳定健康发展。

中国保险业：在不断开放中砥砺前行

孙祁祥

2019-08-06

2019年7月20日，国务院金融稳定发展委员会推出11条金融业对外开放措施（以下简称"新措施"），其中4条涉及保险领域。这是保险业发展历史上的又一个重要时点，它也必将为保险业未来的发展提供新的机遇与挑战。

回望历史，伴随中国四十余年的改革开放，保险行业也经历了从"被动"到"主动"、从"有限"到"全面"、从"蹒跚"到"矫健"的三个转变，"痛并快乐"地不断砥砺前行。

一、开放姿态:从"被动"到"主动"

2015年4月7日,"北大赛瑟双周讨论会"迎来了第一百期。在这个特别的日子里,我和原中国保监会首任主席马永伟先生就1994—2002年中国保险业的几次开创性改革进行了一场对话,《中国金融》以"中国保险业的匆匆那年"为题做了专题报道。在谈到对外开放问题时,马永伟先生回忆道:"保险业加入入世谈判已是谈判后期,外方之所以希望保险业也加入谈判,是因为他们认为中国保险业虽基础薄弱,但市场很大。对于中方来说,世界贸易组织所要求的开放是一种全方位的开放,如果允许外资进来多一些,并对外资保险企业设立一定的限制,影响可能不会很大,但保险界普遍认为'狼来了'。"

对于马永伟先生说的这一点,我深有同感。1995年第一次参加保险业年会时,我听到许多业内人士对保险业开放的担忧。其中一位保险公司高管的评论让我至今都记忆犹新:"我敢断定,在目前中国这样的情况下,一旦开放,不出五年,中国的保险市场、金融市场将被外资所控制,中国的金融安全将受到极大威胁。"应当说,这种担忧也并非"庸人自扰"。当时保险业恢复发展仅十余年的时间,市场上仅有几家公司,一旦开放,它们即将面对的经营历史长达几十年甚至上百年的世界保险业巨头。"航空母舰"与"小舢板"将在"同一海域"竞争,结果似乎不言而喻。

然而,历史所见证的是,中国保险业这艘"小舢板"不但没有被"击沉",而且在经历了大风大浪之后,在许多方面它已经可以与国际保险巨头同台竞争了。在2018世界500强排名中,中国的保险公司进入500强的数量仅次于美国;而中国平安和中国人寿两家保险公司已经进入世界保险业的前十强。

落后就得挨打,但落后也有后发优势,只要战略战术得当,落后有时反而能够成就领先。不同的态度和应对,结果迥异,这是我们从历史中经常读到的辩证法。为了中国对外开放的大局,"弱小"的保险业打开了大门,却不曾想,这一打开,不仅让保险业成为金融业对外开放的排头兵,也给自己插上了腾飞的翅膀。但不得不说,早期保险业的开放是带有一定"被动"性质的。

2001年中国加入WTO以后,继续坚持对外开放政策,并且循序渐进,主动加快了开放的步伐。2002年党的十六大报告指出,"广泛开展双边和多边外交,积极参与国际交流和合作,我国的国际地位进一步提高"。2007年党的十七大报告提出"实施'走出去'战略迈出坚实步伐,开放型经济进入新阶段"。2012年党的十八大报告提出"适应经济全球化新形势,必须实行更加积极主动的开放战略……推动开放朝着优化结构、拓展深度、提高效益方向转变"。2017年党的十九大报告提出"中国开放的大门不会关闭,只会越开越大"。2017年11月10日,国务院新闻办会议上披露,我国决定进一步扩大金融业的对外开放,范围涉及证券、基金管理、期货、银行、金融资产管理、保险等各类金融机构。其中,在保险领域的具体政策是,三年后将单个或多个外国投资者投资设立经营人身保险业务的保险公司的投资比例放宽至51%,五年后投资比例不受限制,大大突破了加入WTO协议中的承诺。2018年4月10日,习近平主席在博鳌亚洲论坛年会开幕式上再次明确提出,2017年年底宣布的放宽银行、证券、保险行业外资股比限制的重大措施要确保落地,同时要加大开放力度,加快保险行业开放进程,放宽外资金融机构设立限制,扩大外资金融机构在华业务范围,拓宽中外金融市场合作领域。

在经济全球化遭遇逆流,"民粹主义""保护主义"盛行的当下,中国积极主动地提出各项开放措施,不只是一种开放姿态的转变,更彰显出一种推动、引领经济全球化的信心和决心。

二、开放范围:从"有限"到"全面"

中国于2001年加入WTO时,在保险领域主要就跨境服务的种类、外商在中国设立外资保险企业的形式和外资股比、外国保险公司在中国开展业务的地域范围、外国保险公司的业务范围、设立外资保险机构的许可条件及国民待遇等六个方面作出了相关承诺;与此同时,在上述六个方面也提出了明确的审慎性限制要求。

加入WTO之后,中国认真履行了其承诺。2006年,也就是在中国加入WTO的第六个年头,中国保监会披露的《我国加入WTO法律文件有关保险业内容的通知》显示,截至2006年12月11日,中国如期履行了加入WTO的承诺。在当时,除了外资产险公司不得经营法定业务、外资设立寿险公司必须合资且股比不超过50%等限制,中国对外国保险机构的准入没有地域限制,营业许可的发放不设经济需求测试或许可数量限制,即理论上外资可以在任何一个城市投资开设保险机构,对外开放进入新阶段。这之后,保险业对外开放程度持续深化,2012年《国务院关于修改〈机动车交通事故责任强制保险条例〉的决定》(国务院令〔2012〕618号)开始执行,标志着我国正式向外资保险公司开放"交强险"这一原先只有中资公司可以从事的法定保险业务。2019年7月发布的"新措施"更是允许境外资产管理机构与中资银行或保险公司的子公司合资设立由外方控股的理财公司;人身险外资股比限制从51%提高至100%的过渡期,由原定2021年提前到2020年;取消境内保险公司合计持有保险资产管理公司的股份不得低于75%的规定,允许境外投资者持有股份超过25%;放宽外资保险公司准入条件,取消外资保险公司30年经营年限要求。

发展的历史表明,随着中国改革开放的深入,保险业也从"有限"的开放逐步进入"全面开放"的时代,并从不断扩大的开放中获得了长足的进展。

三、开放步伐:从"蹒跚"到"矫健"

1979年,国内保险业在经历了20年的停办再次恢复时,市场上只有中国人民保险公司一家公司。市场萎缩、机制缺失、人才匮乏、百废待兴。十余年之后的1992年,当美国友邦保险公司作为第一家外资保险公司在上海设立分公司时,中国只有5家保险机构,总保费收入为368亿元,保险业总资产为511亿元;2001年中国加入WTO时,全国共有保险机构41家,其中外资公司10家;总保费总规模达到2 126亿元;保险业总资产为4 591.34亿元。中国加入WTO之后,保险业出现了"爆发式"增长。截至2018年,中国共有保险机构226家,其中包括来自16个国家和地区的境外保险公司在中国设立的57家外资保险公司,至此,世界500强中的外国保险公司均已进入中国市场,总保费规模为38 016亿元,保险业总资产达到183 309亿元。

1992年,中国保险业全球排名第19位,2001年上升至第12位,2017年上升至第2位,2018年继续保持全球第2的位置。2018年,外资寿险公司市场份额为8.10%,产险市场份额为1.94%。上海作为中国第一个保险对外开放的试点城市,外资寿险公司的市场份额达到24.62%,产险市场份额达到13.07%。

在保险业的对外开放进程中,中资保险公司完成了从对"狼来了"的恐惧到"与狼从容共舞"的华丽转身。这一切无疑得益于从"被动"到"主动"、从"有限"到"全面"的开放:开放倒逼了改革、促进了竞争、激发了创新、提升了效率,保险行业也由此实现了五个重要转变:产业由小到大、公司由少到多、产品由简到繁、经营由粗到细、监管由虚到实。目前,整个行业正在努力朝着产业由大到强、公司由多到优、产品由繁到好、经营由细到精、监管由实到准的目标进发,这是包括外资公司在内的所有保险经营机构共同努力的结果。

四、展望未来,保险业任重道远

经过四十余年的改革开放,中国保险业成绩斐然,但我们绝无理由妄自尊大。瑞士再保险瑞再研究院2019年最新一期Sigma报告《世界保险业:重心继续东移》提供的资料表明,作为目前世界第二大保险市场的中国,市场规模仍不到美国的40%,也小于欧洲三大市场(英国、德国和法国)的总和。此外,中资保险公司还有许多不足,需要下功夫向外资公司学习,学习它们先进成熟的保险理念、战略思维、经营策略、技术手段、管理经验、人才培养体系、激励机制和风控措施等。

因此,在我看来,认真向外资保险公司学习,仍然是今天内资保险公司的一项重要任务。与此同时,内资保险公司需要格外关注和重视的,不只是外资准入条件的放宽,更应当是如何满足消费者越来越强的多元化、个性化的保险需求;不只是境外投资者股份的上升,更应当是如何完善公司内部治理结构;不只是境外资产管理机构可以与保险公司的子公司合资设立由外方控股的理财公司,更应当是如何应对由保险科技的发展所带来的变化;不只是人身险外资股比限制从51%提高至100%的过渡期,由原定2021年提前到2020年,更应当是如何应对新的国际局势,特别是中美关系的变化带给行业发展的不确定性;不只是市场份额的变化,更应当是如何破解发展过程中人才不足的难题;不只是保持增长速度,更应当是如何解决长期存在的"行业定位不清、保障功能弱化、发展方式粗放,保险乱象频发",提升发展质量的问题。当然,四十余年改革开放的历史告诉我们,进一步开放的宏观环境和现实条件还将不断发生变化;开放所产生的问题,也只能在开放的进程中得到解决。

根据Sigma报告提供的数据,中国占全球保险市场的份额从1980年的0%上升至2018年的11%。报告预测到2029年,这一份额将达到20%,到21世纪30年代中期,将超越并取代美国的地位。这绝对是让国人,特别是保险业人士骄傲和兴奋的一个预测。然而,需要强调指出的是,总保费规模在世界排名的不断上升,必须要伴随保险普及率的大幅提升,必须要伴随保险业风险保障作用的充分发挥,否则其排名意义将大打折扣。

开放是手段,不是目的。开放是为了建立一个更加完善的保险制度,由此让经济的健康可持续发展更加顺畅,让社会的繁荣稳定更有保障,让百姓的生活更加幸福美满,因此,我们期待更大的开放!无疑,随着"新措施"的出台,保险业的大门越开越大,今后国内保险业的竞争也会更加激烈。但只要市场竞争主体都能享有和遵循公平的竞争规则,只要市场监管者能够公正执法,创造和维护公平的竞争环境,开放所带来的竞争的结果,必然是最大化消费者的利益和社会福利。

CCISSR 行业发展与规划

"保险+服务":克服医疗纠纷顽疾

姚奕

2019-01-29

医患关系是近年来社会关系中的痛点之一,医闹扰乱就诊秩序的案例屡见不鲜,而一些暴力伤医、杀医的恶性事件也时而见诸报端。惨剧屡屡发生,除了呼吁增强医院安保、严惩犯罪行为,我们还需要反思化解医疗纠纷的渠道设计,力争在矛盾产生之初化解和处理。

2018年10月1日,国务院公布的《医疗纠纷预防和处理条例》(国务院令〔2018〕701号,以下简称"条例")开始正式施行。条例要求医疗机构建立健全的医患沟通机制,以及投诉接待制度。倡导以柔性方式化解医疗纠纷，可以通过自愿协商、人民调解、行政调解和法院诉讼等方式解决纠纷。条例还特别提出发挥保险机制在医疗纠纷处理中的第三方赔付和医疗风险社会化分担的作用，鼓励医疗机构参加医疗责任保险，鼓励患者购买医疗意外保险。条例的出台无疑建立了医疗纠纷处理的法律基石。

从经济学的角度来看，医疗服务是一种特殊的服务和契约关系，而医患关系也是信息不对称问题突出的典型代表。从患者的角度而言，患者对于医疗服务的需求是不确定的，甚至在很大程度上依赖于医疗供给方的建议；对于医疗服务的价格是难以核实和讨价还价的；而医疗服务的疗效又存在极大的不确定性和个体差异性。从医疗服务的合理性、价格和疗效方面，可以说消费者是处于信息劣势的。但这也并不意味着医疗服务供给方在各个方面都占据信息优势。例如，在患者的个人习惯、家族病史，以及是否严格遵从医嘱方面，患者是具有信息优势的，而医生往往无法完全确定。诊疗行为的制定和执行需要医患双方的沟通和配合，但我国目前的医患比偏低，尤其在高峰期就诊人流大的情况下，医患往往缺乏充分沟通的时间和精力。而严重的信息不对称之下，一旦出现结果和预想的偏离，很容易引发纠纷。如果进一步，沟通和投诉渠道不畅，事关患者自己和亲人的平安存亡，便有可能使得冲突升级，甚至失控演化为恶性事件。

医疗责任保险是国际上化解医疗纠纷的有效渠道之一。例如美国是全民合法持枪的国家，但暴力伤医事件极为罕见，这一方面是因为法律对于人身伤害案件的严格约束，另一方面也是由于美国拥有发达的诉讼系统。医疗责任案件往往可以通过个人诉讼或集体诉讼获得高额赔偿。而医疗服务供给方为了应对潜在的高额赔偿,必然会购买高额的医疗责任保险作为执业的前提条件。保险因而贯穿了医疗服务的始终,为潜在的责任诉讼进行风险分担。

我国的法律体系与欧美国家的不同,通过法律诉讼获得赔偿的时间成本和金钱成本也较高。医疗责任保险转而可以通过其他方式分担医疗供给方的财务风险,并且保险还可以在医疗纠纷化解中发挥其专业性,有助于柔性、高效处理纠纷。我国宁波市医疗纠纷理赔服务中心就是这样一个有地方特色的"保险＋服务"的典型代表。

2007年年底,宁波以政府令的形式率先颁布了《宁波市医疗纠纷预防与处置暂行办法》(宁波市人民政府令〔2007〕153号),并在2012年3月推行了《宁波市医疗纠纷预防与处置条例》。在政府的大力推动下,全市的公立医疗机构均参与购买了医疗责任保险。作为医疗纠纷处置的配套核心,宁波市医疗纠纷理赔处理中心(以下简称"理赔处理中心")应运而生。它是由人保财险、太平洋保险、平安保险、人寿财险和长安保险五家保险主体共同出资建立的民办非企业单位,由宁波市保监局进行监管,各级卫生行政管理部门进行业务指导。

《宁波市医疗纠纷预防与处置条例》规定所有患方索赔金额在1万元以上的医疗纠纷,医院无权与患者直接协商,必须委托理赔中心代为协商,或由中心代表医院与患者进行人民调解或者司法诉讼。如果索赔金额超过10万元,则必须进行医学鉴定,在明确责任的基础上进行理赔协商。

通过理赔处理中心的模式,保险不仅体现为最后的财务赔付功能,还是以中心作为主体全程参与协商和处理的整体流程。理赔处理中心下设两个分支——医疗纠纷处置服务中心负责全程参与医疗纠纷的处置工作,解决医患双方医疗损害侵权的赔偿争议,体现了理赔处理中心的社会属性;医疗责任保险理赔中心负责处理参保医疗机构医疗责任保险理赔工作,反映医疗机构与保险公司之间的保险合同关系,体现了理赔处理中心的商业属性。两个功能有机结合在一起,通过"保险+服务"的模式,为医疗服务提供方提供了宝贵的专业化增值服务。医院通过投保,不仅把财务风险转移给了保险公司,同时将大额纠纷处理这部分烦琐、复杂的功能外包给保险公司,借助于保险公司各部门专业化的管理与服务,最终不仅实现了风险转移,更是促进了风险减量,体现了保险的正外部性。

虽然理赔处理中心最初是由共保体建立的,但它并不仅仅代表医院和保险公司的利益,其收益不与保险赔付的金额挂钩。因此,它才能作为独立的第三方机构为患者所信任,公平公正地进行调解。它用良好、专业的服务态度将原本医患之间单次、长时间、不平等的协商转变为多次、便捷、平等、充分的沟通和协商,赢得了医患双方的信任。协商完成后,保险公司的赔款不经医院直接给予患方,大幅提高了赔付效率。理赔处理中心成立以来,患者满意度高达97.6%,医院满意度更是高达98.7%。此外,理赔处理中心还能及时掌握医疗纠纷的规律和态势,及时向医疗机构、卫生管理部门进行反馈,推动纠纷的预警和预防工作。同时,理赔处理中心的建立也促进了宁波市公安、卫生、司法、保监等相关职能部门在医疗纠纷处置中各司其职,互相配合。

目前,宁波市所有公立医院与主要民营医疗机构共计922家均购买了医疗责任保险。保险公司根据医院规模与上一年度出险情况浮动调整保费,从而避免医院因购买保险而产生的道德风险。

截至2018年9月,宁波市共发生重大医疗纠纷8 383件。其中,通过协商、调解结案的有7 375件,占比超过94%。在这些案件中,九成以上是通过理赔中心完成调解。理赔处理中心在调节医患关系、解决医疗纠纷中的作用不言而喻。总体上看,理赔处理中心极大降低了患者的维权成本,提高了赔付效率,基本消除了医闹等现象,产生了巨大的社会效益。宁波医疗责任保险+理赔服务中心的模式充分发挥了保险服务国家治理体系和治理能力现代化的作用。

医疗纠纷的处理如同大禹治水,问题的关键在于疏解,而非堵截。我们需要重建医患之间的信任,而保险机制刚好可以从多个方面构建这样的渠道。毕竟每个人迟早都会需要医疗服务,高效、和谐的医患关系造福于每个人。

有效发挥农业保险在应对气候变化风险中的作用

丁宇刚

2019-02-20

2018年11月29日召开的联合国气候变化大会上,世界气象组织(WMO)发布报告称,2018年全球变暖趋势仍在持续,海平面上升、海洋升温和酸化等现象并无弱化迹象。同时,越来越多的证据表明全球频繁出现的极端天气事件与气候变化有关。由气候变化引发的极端天气不仅会对人类健康、自然生态系统造成危害,还会给企业生产经营活动以及经济发展带来严重的不确定性,给社会经济发展带来巨大负面影响。气候变化导致的影响已经开始超出预计,并可能逐渐加剧。

气候风险对社会经济最直接的影响体现在农业经济上。农业风险与气候风险紧密相关,往往呈现协同变化趋势;随着气候风险的加剧,农业风险也将逐步升高。依据传导顺序,气候风险会在微观、中观和宏观层次对农业经济产生影响。微观上,气候风险影响农业生产者的生产活动和相关企业经营活动。随着气候变暖,一年内的高温天气出现的次数变多,土地也变得越来越干旱。高温少雨的外部环境会使得农业相关企业的生产和销售等环节受到影响。根据联合国政府间气候变化专门委员会（IPCC）估计,如果按照目前的趋势继续下去,2050年某些主要作物的产量可能会比今天减少25%。中观上,气候风险影响行业平均效率。气候风险增强趋势明显地区的行业平均利润要低于气候风险无增强趋势的地区。宏观上,气候风险会对农业经济从而对经济整体造成严重负面影响。就对发展中国家的影响而言,慈善组织乐施会研究认为,到2050年发展中国家每年将承受1.7万亿美元的经济损失。

在中短期来看,气候变化风险加剧是无法逆转的趋势,所以我们要积极面对气候风险对社会经济可能造成的无法避免的负面影响,合理利用各种风险管理工具进行应对。气候风险从宏观、中观和微观三个层次影响农业经济。相应的,我们也可以从这三个层次来应对气候变化风险。宏观上,建立气候变化风险综合防范机制,加大高风险区的防灾减灾建设工程投入,以整体提高风险管理水平。中观上,完善市场机制,发挥资本市场价格信号功能,让气候风险能够及时在资本市场价格中得到体现。微观上,鼓励和支持个人和企业加强风险管理,合理运用多种风险管理工具应对气候变化风险。相比于中观和宏观层次的措施,微观层次的风险管理措施是基础,是其他两个层次措施发挥作用的必要条件。

农业保险是微观经济主体在应对气候变化风险时最重要的风险管理工具之一。一方面,农业保险通过损失补偿功能,保证在发生巨大损失时农业再生产的顺利进行。另一方面,农业保险经营主体可以发挥其在管理气候变化风险时的先进性和专业性,有效指导农业生产经营者进行风险管理,降低损失发生概率和损失程度。相较于其他风险管理工具如农产品期货,农业保险不仅能够应对价格变动风险,也能应对产量下降风险,所以是应对气候变化风险的关键风险管理手段。

农业保险能否有效发挥其在应对气候变化风险中的作用的关键有以下几点:

第一,需要有效激发农业生产经营者购买农业保险的意愿。我国自2007年逐步实施政策性农业保险后,农业保险市场规模飞速发展,但是农业保险有效需求还是很低,还要继续激发农业保险需求。随着气候变化风险加剧,按理来说对农业保险的需求会上升,但是政府和保险公司还可以采取进一步措施。一方面,保险公司应该根据保险标的和投保人的差异设计多样化的农业保险产品。因为不同的农业生产经营者对农业保险的特定需求不一样,所以这样的差异化设计可以更有效地引出需求。另一方面,政府要进行差异化的农业保险补贴。不同地区以及生产经营不同农产品的农业生产经营者的收入水平和风险意识存在差异,所以农业保险补贴对他们的影响可能存在差异,因此需要根据地区和农产品差异进行差异化补贴。这样不仅可以提高财政资金的利用效率,也可以更有效地引出农业保险需求。同时,政府和保险公司要继续大力宣传农业保险,帮助农业生产经营者提高风险意识。

第二,需要合理解决农业保险中道德风险导致的效率损失问题。农业保险通过保险补偿功能保证农业生产者在发生损失时也能够顺利进行农业再生产,从而降低农业气候风险给农业生产带来的负面影响,促进农业经济发展。然而,农业保险可能带来道德风险问题,即购买了农业保险的生产者可能通过作为或者不作为的方式使得损失发生概率变大或者损失规模增大。如果不处理好道德风险问题,农业保险可能给农业经济带来严重损失。解决道德风险问题同样需要政府和保险公司两方的共同努力。比如,政府应该适当放宽经营农业保险的准入制度,充分发挥市场活力,提高保险公司的风险管理效率,从而促使保险公司针对投保人进行差异化风险管理。再如,保险公司可以适当设置或提高和投保人的共保比例。

第三,需要发挥保险公司在管理气候变化风险中的先进性。保险公司经营风险,其先进性体现在,可以利用自身的专业技术和理论更好地对其所经营的风险进行管理。农业保险应当同时通过损失补偿功能和风险管理功能来促进农业经济发展。在气候变化风险不断加剧的背景下,不仅需要农业保险在发生损失对农业生产经营者进行补偿,还需要保险公司在发生损失前能够帮助被保险人利用风险管理技术降低损失发生概率和损失程度。这样不仅能够提升被保险人的福利,还能降低气候变化风险对整个社会带来的损失。当然,因为气候变化风险相对于其他风险更加复杂,所以需要保险公司进一步提升自己的专业化水平。

气候变化风险不断加剧,造成的负面影响不断加深。应对气候风险需要全社会的共同努力,在宏观、中观、微观层面共同推进。农业保险在微观主体应对气候变化风险中处于关键地位,所以健全农业保险市场、完善农业保险制度是必然要求。

推动保险业高质量发展

锁凌燕

2019-03-19

细读 2019 年的《政府工作报告》,全文中"保险"一词共出现 15 次,其中 1 次是专门提及狭义的商业保险——要求"增强保险业风险保障功能",2 次是谈政策性保险,即农业保险和出口信用保险,其余 12 次皆是谈社会保险(包括大病保险)。这样一个简单的统计结果,可以印证我们的几个观察:第一,保险业核心功能发挥仍然存在短板。作为重要的现代服务业,保险业的"安身立命之本"就是风险保障,但在过去的发展中,行业重金融属性胜过保障功能,重规模增速胜过质量提升,导致行业成本居高不下、核心竞争力难以提升,也滋生了诸多短期化行为,行业转型已成大势,但还是未竟之业。第二,运用保险的原理与机制来实现政策目标的做法,在实践中验证了其有效性。农业保险助力完善农业支持保护体系,出口信用保险促进外贸稳中提质,其优势越来越得到重视,也对保险业持续提升服务能力、服务国家战略提出了更高要求。第三,建设完善的社会保障体系对经济发展、社会稳定、民生改善等至关重要,社保改革还需深化。根据人民网2019年"两会热点调查"逾450万网民的投票结果,"社会保障"蝉联社会热点前三名。面临老龄化背景下日益增大的财政收支平衡压力,政府的重要任务是保证社保投入,而提升社保运行效率、推动市场发展提供补充保障,以满足群众多层次、多样化需求,更是题中应有之义。

如果将这些观察联立起来,我们可以归纳出未来保险业高质量发展的核心要义,就是推动行业功能进一步升级。伴随科技发展、全球化、城市化与信息化的推进,社会功能日趋分化、复杂性不断提升,导致风险种类增多,风险形成机制和传导机制日趋复杂化,风险管理的精细化要求不断提高。保险作为市场化的风险管理机制,不仅可以进行风险交易的撮合,提供风险分担的机制和精算、承保、理赔、保单保全等各项服务,核心优势更在于其具有内生的激励去推动各相关方制订有效的风险管理计划,以调动风险形成链条上各相关方相互配合、相互协作、良性互动,从而能够在不需要外在安排或指令的条件下,有效地控制风险成本、提升产业效率、改善风险成本分担。从这个意义上讲,保险业不仅要成为个人和企业消费者提供成本有效、可以信赖的"保护伞",还要成为推动经济高质量发展的"活性酶",成为政府改进公共服务、提升社会风险管理效率的"好搭档"。

要推动行业真正实现转型,走向高质量发展之路,就有几项重要的基础性工作需要关注:

第一,正确认识保险业的金融属性,不将之简单地看作金融业。保险产品和服务的生命力,首先在于能够提供风险保障;从国际保险业历史来看,伴随财富累积和财富综合配置需求的高涨,保险业开始探索整合金融服务模式,在高效的承保经营、精细化的成本控制的基础上,加强业务的金融属性,以符合时代的发展方向。从这个意义上讲,保险业的金融属性是"衍生品";保险业在参与风险管理和资金运用的过程中,势必要与关联行业,例如大健康产业、养老服务产业、汽车行业乃至更广范围的制造业形成多方位的接触、深度参与行业的生态构建。可以说,保险业天然就具有"跨界"属性,它有条件做好生态圈的入口平台,做好产业链协调高效发展的"链接者"和"活化酶"。

第二,做好机制建设,激发行业创新活力。保险行业之所以有动力扮演"活性酶""好搭档"的角色,关键在于企业能够从中获得持续的创新回报,它们出于对自身效用和经济利益的追求、根据其分工定位和供需关系决定的价格变动做出创新性的生产和消费决策,"看不见的手"由此引导资源向最有效率的方面配置,其前提就是市场机制在其中扮演决定性的角色。这不仅要求行业的市场化改革持续走向深入,还要求监管者不仅能"纠错"也能"容错"。创新活动天然伴随不确定性,决不能因为在过程中暴露出问题就只管"踩刹车",而要留出试错的空间。风险防范的关键在于辨识这种创新是不是有利于满足消费者多样化的需求、对保险企业的偿付能力有什么影响、消费者权益能否得到切实的保障。从市场实践看,在新产品或新模式出现之初,监管者对于风险和经营模式所掌握的信息较少,对风险的判断更多地依靠直觉和经验,在这一阶段,监管就不能只关注经营结果,而是要将重心向创新资源和业务流程倾斜。对创新产品或模式的了解越深入,对风险的判断更多的就是以经验证据为基础的。这时,为了节约监管资源,就可以将重心转移到结果上,重点关注其偿付能力水平。在行业创新频出的时代,不同创新所处的阶段可能会叠加起来,所需的监管可能就应是"组合拳"。

第三,推动完善高质量发展所需的基础设施。高质量发展不只是一句口号,也不只是一系列"新做法""新点子",实现高质量发展要求行业准确地把握消费者的需求、把握行业发展在宏微观层面的趋势,并基于此建立自己的核心竞争力。这需要业界的积极探索,也需要坚实的理论基础作为支撑。中国的保险业是在转型背景下发展起来的,有自身独特的发展逻辑和发展环境,也面临特有的发展问题,固然可以借鉴国际经验,但需要中国方案。行业迫切地需要通过加强重大理论问题和基础理论研究,为市场化改革、创新发展和监管现代化提供智力支持,以科学的理论体系指导和保障实践。理论研究可以部署,可以引导,而着眼当下,还需要强调为研究提供便利与资源,特别是数据资源。在信息化社会和大数据时代,应加快推进信息共享和开放,创新完善公开透明的数据授权机制,不仅便利行业的大数据应用、助力行业转型升级,也为保险研究提供数据支持,推动理论研究的深入和繁荣。

完善农险大灾风险分散体系

郑豪

2019-04-16

自2007年财政开始对农业保险(以下简称"农险")保费补贴以来,中国农险得到飞速发展。2018年,中国农险原保险保费收入共计572.65亿元,总保额达到3.46万亿元,同比增长24.23%,农险已经成为稳定农业生产、助农惠农的利器。在农险直保飞速发展的同时,我们还必须意识到现有农险体系存在不足之处,尤其是在农险大灾风险分散体系建设上。

中国目前农险大灾分散体系在制度建设上进行了三方面尝试,但整体尚处于探索阶段。

第一,保险公司层面建立的"大灾风险准备金"。这一项制度是根据2013年12月财政部发布的《农业保险大灾风险准备金管理办法》(财金〔2013〕129号)而建立的,其核心目的之一是防止农险直保公司因降低风险年度获取的"超额承保利润"分配而导致对大灾的风险准备不足的问题。第二,由中国再保险和境内23家农险直保公司共同发起成立的中国农业保险再保险共同体。这是在2014年11月在中国保监会推动下成立的,与外资再保险公司等其他市场化再保险人共同竞争的再保联盟。第三,各地方政府探索建立的省级层面农险大灾风险分散体系。截至2017年,全国共有11个省、直辖市建立了大灾风险分担机制,主要有两种方式:一是财政直接参与大灾赔付,即通过财政托底、大灾风险准备金等方式,全部或部分承担超额赔付责任。二是市场化再保险安排,即由政府出资向商业再保险公司购买保障,将大灾风险转移给再保险人。整体来看,就再保险而言,当前以农共体为核心的再保险体系存在再保险能力不足、再保险市场逆向选择严重、组织松散等问题,还需要在制度和机制上加以完善。就地方政府支持的大灾风险分担机制而言,各地因财政实力和风险特征差异,还存在难以建立基本的大灾风险机制或者保障能力不足的问题。

2019年2月,中国人民银行(以下简称"央行")、银保监会、证监会、财政部、农业农村部联合发布《关于金融服务乡村振兴的指导意见》,明确提出"落实农业保险大灾风险准备金制度,组建中国农业再保险公司,完善农业再保险体系"。此文件表明未来我国农业保险再保险体系的完善方向是建设中国农业再保险公司+农业保险大灾风险分散基金两层制度,但是在制度建设上还需要具体明确以下三方面问题：

首先，明确农险再保险体系的运行机制以及中国农业再保险公司的政策地位。在农险再保险体制设计上，世界上不同国家实行了多种不尽相同的制度。比如，美国的农险再保险体制就是以政府成立的联邦农作物保险公司为核心，各农险直保公司与其签订标准再保险协议，将一定比例范围的保费分保给联邦农作物保险公司。加拿大是由联邦政府和省政府成立两级的再保险基金为直保公司提供再保险。西班牙则是采取国有再保险公司与市场化再保险公司共同竞争的方式。考虑到农险关系到粮食安全，笔者认为，可以考虑让中国农业再保险公司发挥农险再保险的核心作用，通过标准再保险协议明确与经营政策性农险的直保公司的分保关系，同时允许其他商业再保险公司参与农险再保险以适度增加市场竞争。

其次，明确农业保险大灾风险分散基金责任、资金规模、补偿方式、资金来源和统筹方式。在基金责任上，需要划定基金在什么情况下需要对大灾造成的赔付承担多少比例，以及与农险直保和再保险公司的衔接关系。在此基础上，根据历史赔付数据测算出资金的规模。在资金来源和统筹方式上，考虑到各地区财政实力差异，笔者认为，可以由中央统筹出资、各地方政府根据财政收入和农业产值高低分摊一定的比例，同时赋予基金紧急融资权利和工具以应对大灾造成的偿付能力不足的问题。

最后，明确现有制度与新制度之间的衔接问题，妥善处理好兼容问题。在农险直保公司"大灾风险准备金"设置上，笔者认为，新的农险再保险体系如果强制性要求直保公司分保农险，那么可以考虑取消"大灾风险准备金"以提高直保公司承保激励。

在各地方探索建设的农险大灾风险分散体系去留上,如果新建设的体系能够充分应对农险大灾风险,那么从简化制度的角度考虑,笔者认为可以考虑逐步取消与新制度有重叠的地方性制度。

  处理好上述三个问题,形成简单清晰、稳健有效的农险再保险体系,能够有效锁住农业保险后端风险,起到稳定农险体系和扩大前端农险直保的覆盖范围与保障程度的作用,推动农险实现新发展,助力乡村实现振兴。

扩大政策性农业保险改革试点,为农业生产保驾护航

刘新立

2019-04-23

2019年的《政府工作报告》中提到"扩大政策性农业保险改革试点""加强保险业风险保障功能",这为政策性农业保险的未来发展指明了方向。

农业保险的特殊性决定了其需要政策的大力扶持。2004年,《中共中央 国务院关于促进农民增加收入若干政策的意见》(中发〔2004〕1号)首次提出加快建立政策性农业保险制度。2007年,中央财政首次列支21.5亿元的预算额度开展保费补贴试点。2007—2018年的十

余年间,我国政策性农业保险试点稳步推进,农业保险提供风险保障从1 126亿元增长到3.5万亿元,年均增速近40%;险种已经超过200个,基本覆盖农、林、牧、渔各个领域。目前,我国农业保险业务规模已仅次于美国,居全球第二、亚洲第一。玉米、水稻、小麦三大口粮作物,承保覆盖率已超过70%,并且均享受"中央+地方"三级财政补贴保费的政策。各省(自治区、直辖市)也结合当地农业生产情况,对烟叶、奶牛、橡胶、鱼虾养殖等险种,实行地方财政补贴保费政策。十余年来的试点,积累了诸多经验,也显示了未来改革的可能方向。

第一,丰富保险产品类型,提供不同选择,提高政策性农业保险的保障额度。近年来,银保监会、财政部、农业农村部提出了以"扩责任、提保额、降费率、简理赔"为核心的农业保险产品改革方向,在实践中已经取得了一定效果。目前我国主要农作物保险保障水平已基本覆盖直接物化成本,部分地区还开展了补充保额型、价格型、收入型以及"保险+期货""互联网+农业保险""农业保险+险资直投"等多种形式的创新,通过多种方式不断提高农业保险保障水平,提高农户的认同感和满意度。但就政策性农业保险来说,仍存在品种单一、受益面窄、保障力度较弱等问题,与农业生产的实际情况和经营组织、农户的保险预期存在一定差距。

《中共中央 国务院关于坚持农业农村优先发展 做好"三农"工作的若干意见》(中发〔2019〕1号)明确提出,按照扩面增品提标的要求,完善农业保险政策。推进稻谷、小麦、玉米完全成本保险和收入保险试点。扩大农业大灾保险试点和"保险+期货"试点。探索对地方优势特色农产品保险实施以奖代补试点。因此,提高保障水平,在原来政策性险种仅仅赔偿种子、化肥等物化成本的基础上,以补充保额型、价格型、收入型等险种,赔偿农民部分收入损失,是未来扩大试点的一个方向。农业的增产或农民收入的保障很大程度上离不开自然条件和市场竞争状况的变化,自然灾害的发生具有偶发性和无规律性,市场竞争状况的变化虽然有一定周期性,但带有随机性。若要保证农民收入不因自然灾害和市场变化而出现严重问题,仅保障物化成本是不足的,收入保险不失为一种综合的保障。除此之外,也可以向农民提供多种保障额度的选择。

例如,美国的多种风险农作物保险,其保险责任包括洪水、干旱、火山爆发、雹灾、山体滑坡、火灾和农作物病虫害等多类灾害,保障对象以产量为主,保险产量根据农民个人种植作物的历史产量或地区产量来确定。该险种又分巨灾保险和扩大保障保险,前者是提供最低基本保障的一种保险,除贫困农民可以免交外,农民只要按规定交纳了手续费,就可以获得巨灾保险保障。保障水平为平均产量的50%,赔偿价格为美国农业风险管理局(RMA)公布的市场预测价格的55%。后者是在前者的基础上开展的一种保险。农民可在最低保障的基础上,购买更高的保障,最高投保产量可达到平均产量的85%,投保价格为RMA公布的市场预测价格的100%。

第二,加强政策性农业保险的宣传。在十余年的政策性农业保险推行过程中,有呼吁增加保障力度的声音,但也有农民对农业保险置之不理的情形。例如,2018年山东寿光遭遇洪水灾害导致菜农损失巨大之后,人们发现,寿光市推行了5年的政策性蔬菜大棚农业保险投保率不足1‰,14万个受灾大棚仅120

个上了保险。如果投保率高一些,菜农的损失还能得到一定的补偿。再有,笔者在海南省风灾指数保险产品试点过程中了解到,尽管进行了培训,但仍有农场在第一年投保但未有理赔经历后,第二年便不再续保。这些问题背后的原因在于,首先,部分地区宣传力度不足导致农民保险意识不强;其次,地方特色品种无中央补贴,市县政府对推动政策性农业保险意愿不强;最后,即使有培训,但保险意识、风险管理意识的建立和理解,需要一个过程,培训与解释也应该是持续的。因此,加强农业保险的培训,让农民了解相关要求与作用,是推动农业保险发展的重要工作。

第三,加强相关技术的支持。当前我国政策性农业保险的标的还是以基本粮食作物为主,养殖业中不包含水产养殖。水产因价值大、风险高、理赔定损难等原因,一直未被列为可投保政策性保险险种。水产损失的鉴定确实较为困难,例如一个甲鱼塘在台风期间受灾导致多只甲鱼出逃,但是保险公司实际上很难客观认定鱼塘内原有甲鱼的数量,在理赔上也就会出现实际的困难。此外在理赔过程中,出现道德风险的概率也比较大。这就需要围绕需求导向,加快农业保险服务体系建设,加强相关技术的支持,或引入第三方鉴定机构,提高农业损失鉴定能力。

第四,加强农业保险损失控制功能。任何一种保险产品,除了损失补偿功能,都具有损失防控的功能,农业风险是典型的纯粹风险,即只有损失的可能,没有获益的可能。对于农业保险的投保人来说,遭遇损失后能得到经济补偿,固然是雪中送炭,但如果能有防灾防损方面的支持或激励,使得损失能够得到一定控制,则不失为一种更积极的效果,而且从全社会的角度来说,这是纯粹的损失。保险的损失防控功能可以通过费率的市场调节来实现，也可以通过创新型的产品形式来实现。对于前者，风险低的承保对象费率低，投保人会有防灾防损的经济动力。保险公司如果具有一定的专业性，也可以通过规模化的损失预防措施降低预期损失，这在经济上也是可行的。对于后者，传统保险不可避免地具有道德风险和逆向选择，而天气指数保险完美地解决了这一问题，不仅控制了道德风险，而且激发了投保人主动防灾防损的动力。在指数保险的情形下，赔付只与相关的天气指数有关，而与实际损失无关，投保人有激励在损失发生前采取措施预防，在损失发生后采取措施减损，这就进入了一种良性循环。

政策性农业保险是国家扶持农业发展的做法，以保险公司市场化经营为依托，政府通过保费补贴等政策扶持，对种植业、养殖业因遭受自然灾害和意外事故造成的经济损失提供的保险。通过稳步扩大政策性农业保险试点范围，持续加大支农惠农力度，使得农业保险成为农业生产和农民增收的"助推器""稳定器"。

商业车险费改小议

姚 奕

2019-05-14

自 2015 年 3 月保监会发布《深化商业车险条款费率管理制度改革试点工作方案》已过去四年。2017 年,以保费规模而论,我国已成为全球第二大车险市场。在我国的财产险领域,车险也一直占据最重要的地位。2018 年,车险保费占财产险份额虽略有下降,但仍高达 67%。与车险市场规模不相称的是其费率市场化的水平。在费改之前,费率形成机制僵化,使得行业进入非理性竞争,运行效率受损,市场行为规范性堪忧。

在大数据和保险科技日渐成熟的背景下,市场具备了进行更加细致、合理定价的基础,也有必要鼓励正当的市场竞争。2015年至今,我国已经推进了三次商业车险费改。第一次费改分三个阶段推行:2015年4月,黑龙江等六个省份作为第一批试点;2016年1月,费改试点扩展到天津等12个省份;同年6月,商业车险费改在全国范围内推开。主要的举措在于建立行业示范条款、创新性条款形成机制,并逐步扩大财产保险公司费率厘定自主权。在重新测算商业车险行业基准纯风险保费的基础上,调整了行业无赔款优待系数,并允许保险公司在基准费率正负15%的范围内通过"核保系数"和"渠道系数"自主区别定价。对于部分试点地区,进一步放宽了"核保系数"和"渠道系数"的自主定价空间。

第二次费改始于2017年6月,保监会进一步扩大保险公司自主定价权,下调商业车险费率浮动系数下限至75%。2018年9月,第三次费改在陕西、广西和青海启动,进行完全自主定价试点,将自主定价权进一步放宽,但仍保留了旧车三折、新车八折的下限。

费改进程包括了多方面一系列具体的政策和试点,但其主旨是一以贯之的。强调市场在资源配置中的决定性作用,赋予企业更多的自主权,使得优质风险的客户可以享受更低的保费,促进市场用价格机制调整供需。费改使得定价依据更加科学、细致。例如,车险属于一类"个人合同"(personal contract),也就是说其定价不应仅仅根据车的因素,还需要考虑驾驶人的因素,如年龄、驾驶经验、驾驶习惯等。在原本的定价体系里,对于驾驶人和车的要素考虑得还是比较粗放的。在车险市场发展初期,由于数据可得性、可靠性、可检验性的种种限制,一些粗线条的处理是情有可原的。但随着数据化网络的建设,人们生活的方方面面变得有据可查,全国性的数据交换和联网也存在实现的基础,那么,车险定价也应该从粗放型向更加科学、细致的方向努力。费改首次引入了车型系数,考虑不同车辆"零整比"差异所带来的后续维修成本的客观差异,是一个进步。而对于行业无赔款优待系数也进行了大幅调整,对于优质客户的打折力度更大,对于高风险客户的费率上涨也更剧烈,这样使得风险定价的作用更加显著。

但是,目前的费改显然并不是改革的终点。从国际经验以及发展理念上来看,目前的费改依旧有进一步提升的空间。以美国为例,车险市场已经很成熟,经历了多个保险周期,是全球第一大车险市场。2017年车险占财产险保费的份额约为40%。保险公司数量众多,而且通过长时间的磨合和发展,不同组织形式、主销渠道、客户细分的保险公司并存。由于美国采用保险州监管的框架,也存在很多区域性的保险公司。不同公司得以对于客户、市场、渠道进行更加精准的划分,在定价方面,行业也采用了更多的因素和定价模型。无论是车型、颜色、驾驶习惯、里程、既往历史等,都积累了大量数据并应用于定价实践中去。以UBI车险创新闻名的Progressive、以网销见长的Geico,以及门店模式经营的美国市场巨无霸State Farm等为代表的产险公司,都各自走出了自己的特色之路,而非一味模仿或是打价格战。市场竞争的结果是,美国产险市场集中度远远低于中国。而且通过激烈的市场竞争,每年都有淘汰和破产的保险公司涌现。

我国监管的理念一向偏于稳健,费改也是按多个步骤逐步推行的。对于行业在发展初期的保护是必要的,对于消费者权益的保护也是合理且重要的,但是过度保护实际上不利于行业的长远发展。相对于人身保险市场,财产险市场由于以短期险种为主,实际上风险更低,更适宜开展市场化的改革。

此外,除了费率放开,车险改革还可以向多方面逐步拓展。比如进一步加大条款创新的力度,发展适合新形势的条款和个性化服务。近年来,新能源车、辅助驾驶/自动驾驶车辆逐渐成为主流的发展方向。车企在高速创新的同时,对未来的车险提出了新的风险和挑战。针对未来可能的新型驾驶环境和风险,监管部门和产险公司有必要及时进行市场调研和预案准备,开发新的条款积极应对风险的变化。

商业车险费改的成功推行还需要和其他相关政策与部门积极配合、衔接。例如,商业车险费改已经推行四年,但交强险的费率还没有市场化,造成了区域之间的交叉补贴问题。又如交通违法信息联网是合理制定交通违法系数的必要先决条件,这也需要与交管信息部门进行跨部门数据对接。市场化改革是一个逐步成熟的过程,规范企业的竞争行为,培养消费者的保险意识和素养,都难以一蹴而就,但终究需要积极探索和不断推进实践。

机遇与挑战并存的参数保险

吴海青

2019-06-11

参数保险,也叫指数保险,是近年来新兴起的一种保险类型。它的赔付不再依赖于主观的人为定损,而是依靠客观事件的触发,比如台风的等级、地震的等级、航班延误的发生等。为了保证客观性,触发事件的发生与等级认定一般由权威的第三方来进行,比如政府相关部门(气象局、地震局)等。与传统保险相比,参数保险的最大优势体现在理赔环节,由于不需要再进行复杂的现场人为定损,参数保险可以在合同参数被触发之后迅速进行理赔。这一方面能为投保人提供更加及时的补偿,另一方面也能大幅降低保险公司的理赔管理成本。同时由于理赔依据的客观性,传统保险中的道德风险问题也能得到一定的解决。除理赔环节以外,在参数保险的核保与承保过程中,保险公司也不需要再针对逆向选择等问题投入较多成本,而是可以将更多精力放在产品的模型设计和定价方面,为消费者提供更多"物美价廉"的保险产品。在实际保险业务中,由于存在逆向选择和道德风险等问题,在很多领域都存在保险供给不足的情况,参数保险为弥补这些领域的保险缺口提供了新的解决方案。目前,参数保险更多地应用在巨灾保险领域,比如日本1997年发行的针对地震风险的巨灾债券,在大东京地区地震强度超过一定等级时,就会自动触发赔付机制;还有由16个国家组成的加勒比巨灾风险保险基金(CCRIF),针对该地区频发的地震风险,CCRIF采用了参数保险的方式进行保障。2010年海地地震后,海地政府就是通过这一保障方式得到了及时的保险赔付。同时,参数保险在其他领域的应用也在逐渐增多,比如农产品价格参数保险、航空延误参数保险,以及我国的37度高温险等。

虽然具有传统保险不具备的优势,但是参数保险目前并不适用于所有的保险类型。从需求角度来看,参数保险主要应用于对损失补偿时效性要求较高的领域。比如地震、飓风等巨灾风险发生后,受灾人群和当地政府都需要及时的资金支持来进行灾后重建,参数保险不需复杂核保、确定即赔付的优势在此时就能够得到充分发挥。从供给角度来看,参数保险对保单设计和模型构建的要求较高,需要有时间跨度较长、较为准确的参数数据来对未来风险进行量化,而且必须存在足够客观的参数来作为理赔依据。因此,开展参数保险业务的公司需要有能力构建复杂的保险模型,同时能够掌握充足的客观数据,这一点需要政府相关部门的支持。如果要应用在巨灾风险以外的个体保单(比如车险保单等)上,还需要充分流畅的信息共享机制,否则不但不能降低道德风险,还会加剧信息的不对称。总体而言,参数保险的发展需要较为成熟的社会经济条件,也需要保险业自身发展到一定阶段,这也是为什么其概念早已诞生,但实践发展较晚的原因。

参数保险的未来发展机遇与挑战并存。随着保险科技和大数据的发展,以及智能合约的逐渐普及,参数保险所面临的数据和技术等问题逐步得到解决。由于本身就比传统保险加入了更多自动化因素(比如参数的触发等),参数保险与智能合约的结合是未来发展的必然趋势,通过智能合约,参数保险产品能够进一步发挥其透明、高效、准确的优势,并进一步节约成本;同时,参数保险在以往发展中所面临的数据收集和共享问题也能通过最新科技的发展得以解决,比如物联网、区块链、大数据等技术。举例来说,随着车联网等新技术的发展和普及,车险投保人的驾驶行为可以被实时记录并传送给保险公司,在参数保险产品的情境下,如果事故发生,只要记录显示车主没有违规,就可以实时进行赔付,而不需要再进行长时间的现场勘查和复杂沟通。

在面临机遇的同时,挑战也依然存在。目前,参数保险业务仍然主要集中在部分国家和地区的部分领域,也只有一些大型的保险公司才有能力开展此项业务,要想在更多领域得到普及,政府的政策支持和必要的技术人才储备必不可少;同时,在传统保险思维模式占据主流的情况下,要想发展参数保险,还需要进一步提高社会的保险意识及对参数保险的认识;另外,参数保险是否符合保险的定义依然具有争议性,因为只是针对受灾地区进行统一赔付,就会存在一种现象——部分投保人虽然没有损失,但是却得到了赔偿;另一部分投保人虽然损失较大,却得不到充足的赔付,这就是所谓的"基差风险"。如何在保持自身理赔便捷优势的基础上,对真正的损失进行恰当的补偿,以降低基差风险,也是参数保险需要慎重处理的问题。总体来看,结合目前保险科技发展趋势,以及保险业日益受到重视的现状,参数保险的未来发展趋势可以概括为:首先在农业、巨灾等领域继续发挥优势,补足保障缺口;其次在保险科技的支持下,在航空险、健康险、车险、家财险等领域不断尝试,拓宽业务范围。

理想情况下,参数保险满足了大家对保险的一切需求——提供安全感,并在需要的时候提供足够的经济支持,同时避免了传统保险的一系列缺点——复杂的文件、赔付的延迟以及一系列争议事件。理论上来说,参数保险与现有保险种类相比具有较大的优势。但我们也应该意识到实践中的一系列问题,比如数据、人才的缺乏,以及如何在保持自身优势基础上尽量细化赔付条件,从而减少赔付偏差等。随着保险科技的发展和新技术的不断涌现,这一系列问题正在逐步得到解决。相信随着社会保险意识的日益增强,以及在政府的正确引导和支持下,参数保险在未来会得到更多的普及,成为保险业新的增长点,也为民众提供更加充足的保险保障。

医保基金隐忧

郑 伟

2019-07-09

2019年6月30日,中华人民共和国国家医疗保障局(以下简称"国家医保局")发布了《2018年全国基本医疗保障事业发展统计公报》(以下简称《统计公报》),概述了2018年我国基本医疗保障特别是基本医疗保险的发展情况。我们从中可以看到医疗保障工作取得的各项积极进展,同时也需要特别关注医保基金的发展变化,需要居安思危。

2018年参加全国基本医疗保险(含职工基本医疗保险、城乡居民基本医疗保险以及新型农村合作医疗保险)134 459万人(含职工医保31 681万人、居民医保89 736万人、新农合13 042万人),参保率稳定在95%以上。2018年,全国基本医保基金总收入21 384亿元,总支出17 822亿元,基金总收入大于总支出,基金累计结存23 440亿元。这些都是医保制度和医保基金的可喜成绩,来之不易;同时,可喜之中也有隐忧,比如,虽然医保基金收入大于支出,但是基金支出增长率大于收入增长率。

具体而言,从总体医保基金看,2018年全国基本医保基金总收入比上年增长19.3%,基金总支出比上年增长23.6%,基金总支出增长率大于总收入增长率。从职工医保基金看,2018年职工医保基金收入比上年增长10.3%,基金支出比上年增长13.1%,基金支出增长率大于收入增长率。从城乡居民医保基金看,2018年居民医保基金收入比上年增长23.3%,基金支出比上年增长26.7%,基金支出增长率也大于收入增长率。

从基金收入端看,随着经济进入新常态以及减税降费政策落地,基金收入预计不会有太快的增长。因此,接下来就需要观察基金支出端,看看基金支出端过去几年的发展变化,并分析这些变化是"周期性"的还是"趋势性"的,由此判断基金支出的未来形势。从国家医保局的《统计公报》看,至少可以有以下三点基本观察。

其一,虽然在职参保人数持续增加,但是参保人员老龄化趋势不容乐观。从职工医保看,2012—2018年,在职参保人数从19 861万人增至23 308万人,同时期退休参保人数从6 624万人增加至8 373万人,使得在职退休比从3.00降至2.78,即2012年3个在职参保人员对应1个退休参保人员,2018年2.78

个在职参保人员对应1个退休参保人员,老龄化趋势明显。

其二,人口老龄化加上医疗需求释放,使得享受医保待遇人次显著增加。从职工医保看,2012—2018年,享受待遇(含普通门急诊、门诊慢特病、住院)人次从12.3亿增加至19.8亿,年均增加8.3%;人均就诊人次从4.6次增加至6.2次,年均增加5.1%;住院率从13.5%上升至18.3%,年均增加0.8个百分点。进一步看住院率的数据,2018年在职职工住院率为9.7%,退休人员住院率为42.1%,退休人员住院率是在职职工的4.3倍。从居民医保看,2012—2018年,享受待遇人次从2.3亿增加至16.2亿;住院率从6.6%上升至15.2%,年均增加1.4个百分点。

其三,医疗技术发展和就医选择等因素,使得人均医疗费用持续上升。从职工医保看,2018年人均医疗费用3 313元,比上年增长5.0%;2012—2018年,次均住院费用从9 313元增加至11 181元,年均增长3.1%。从居民医保看,2018年人均医疗费用1 183元,比上年增长17.2%;2012—2018年,次均住院费用从5 698元增加至6 577元,年均增长2.4%。在人均医疗费用上升的背后,除了医疗技术发展的因素,也有就医选择趋向高等级医院以及异地就医的影响。

比如,虽然不同等级医院医保支付比例有政策性引导差异,但是参保人员的就医选择仍旧趋向三级医院。从职工医保看,2018年,三级、二级、一级及以下医疗机构的政策范围内住院费用医保支付比例分别为80.5%、83.5%和85.9%,实际住院费用医保支付比例分别为69.5%、76.0%和80.0%,虽然医保支付比例有差异,但是参保人员的就医选择仍旧趋向三级医院,

2012—2018年全国住院人次在不同等级医院分布比例,三级医院从47.6%增至54.7%,二级医院从37.2%降至32.5%,一级及以下医疗机构从15.2%降至12.8%。而我们知道,医院等级越高,人均医疗费用通常也越高。以次均住院费用为例,2018年,职工医保在三级、二级、一级及以下医疗机构的次均住院费用分别为14 147元、8 382元、5 635元;居民医保在三级、二级、一级及以下医疗机构的次均住院费用分别为11 369元、5 877元、3 145元。

再如,异地就医次均住院费用显著高于平均水平。从职工医保看,2018年,职工医保参保人员异地就医住院费用971亿元,占职工医保参保人员住院费用的15.4%,次均住院费用17 670元,是职工医保次均住院费用的1.58倍。从居民医保看,2018年,居民医保参保人员住院费用1 906亿元,占居民医保参保人员住院费用的21.2%,次均住院费用14 016元,是居民医保次均住院费用的2.1倍。2018年全国跨省异地就医住院费用直接结算132万人次,是2017年的6.3倍。

综合以上观察,我们可以看到,影响医保基金支出增加的"直接因素"主要包括两个方面:一是享受医保待遇的人次增加,二是次均医疗费用增加,包括次均门诊费用、次均住院费用等。更进一步看,影响享受医保待遇人次和次均医疗费用的"深层因素"包括人口老龄化、医疗需求释放、医疗技术发展、就医选择趋向高等级医院、异地就医增加等。

我们可以判断,随着经济社会发展、生活水平提高、人口预期寿命延长,以上这些影响医保基金支出增加的"深层因素",基本上都不是"周期性"的,而是"趋势性"的。如果这些因素确实是"趋势性"的,那么就意味着医保基金支出继续显著增长且支出增长率大于收入增长率的现象将长期存在,这就对医保基金的可持续性问题提出了严肃预警。在这样的背景下,我们应当居安思危、前瞻研究、科学预判,才有可能找到有效应对挑战的政策思路,保持我国医保基金和医保制度的长期稳定发展。

网络风险,保险业的机遇与挑战

刘新立

2019-09-03

近年来,随着互联网技术的飞速发展,网络攻击事件层出不穷,造成的损失日益增大,网络风险几乎成为最受关注的新兴风险。2019年世界经济论坛发布的全球风险图中,从发生频率及损失的综合视角来看,网络风险的大小仅次于气候原因导致的风险。早在2017年就有数据表明,我国因网络攻击而遭受的年度损失已高达3 996亿元,损失额位列全球第二。业内对网络安全问题极为重视。2019年8月21日,为期三天的2019北京网络安全大会拉开帷幕,来自中石油、中石化、国家电网等90%以上的中央企业和大型金融保险机构,以及阿里、腾讯、百度等互联网巨头企业的参会人员齐聚一堂,共同讨论网络安全的战略、产业和技术。本届大会主题为"聚合应变,内生安全",意在汇聚全球顶级智慧,以高度专业化的观点、经验、解决方案,从内生安全的视角,探寻全新的网络安全发展路线图,为未来网络、网络颠覆性创新和产业升级指明极具前瞻性的方向。社会对网络风险的重视为保险业提供了机遇,作为以风险管理为主业的行业,这是保险业支持企业转型换代的机会。同时,网络风险具有新兴风险的特点,不断变化,难以评估,对保险业构成了挑战。

网络风险的典型后果包括信息泄露、业务中断和工业系统故障等。信息泄露风险包括个人和公共信息泄露。公共信息泄露又涉及企业、政府和大型组织。2005—2015年,美国共发生5029起信息泄露引起的法律纠纷,信息泄露估计涉及67.5亿人次,欧洲的数据也高达22.7亿人次。摩根大通、家得宝、索尼、Anthem和Target等公司都遭遇过信息泄露。摩根大通曾被黑客侵入计算机系统,造成7600万家庭和700万家小企业的户名、地址、电话号码和电子邮件地址被窃取。2014年Target信息泄露事件影响很大。黑客从POS机上窃取信息,包括7000万用户个人信息和4000万信用卡数据。Target为此付出了惨痛代价。12%的老客户不再去Target购物,继续购物的人中79%不再使用信用卡;其他零售商同样受到影响,76%的零售商减少了购货频率。公司以每人1万美元作为损失赔偿,辞退了首席执行官(CEO)并更换了首席信息官(CIO),最终付出了1.48亿美元的代价。2017年9月,掌握着全美大半公民个人重要信息的 Equifax 公司宣布遭到了黑客入侵,导致约1.43亿美国用户和上千万英国、加拿大用户的信用记录遭到泄露,其中包括用户的姓名、社会安全号码(SSN)、地址、生日信息,以及一些驾驶执照号码等。业务中断会影响电信网、制造业、运输和媒体等多个行业。2015年,波兰航空地面操作系统遭到黑客攻击,系统瘫痪5小时,10个航班被取消,1400多名乘客滞留华沙肖邦机场。工业控制系统风险包括工业停转和事故。前者例如汽车生产线。生产线受机器控制,若其中一个机器遭到攻击,将导致生产线停转。曾有预测称,物联网时代,每天有500亿部机器进行数据交互。工业控制系统目前仍在使用的系统中,有相当一部分在当初开发时并没有考虑到今天网络会演变成一个安全问题。若这些控制系统受到攻击,有可能造成火灾、爆炸以及大批量数据泄漏、业务中断带来的巨额损失。

除了上述风险类型,随着企业对互联网应用的升级,网络风险的暴露也会日趋复杂和严重。例如,目前企业上云是一个趋势,2019年阿里巴巴就表示:"'全站云化'的时代已经到来,目前阿里巴巴的业务60%—70%是跑在阿里云公共云上,未来要经过1—2年的努力,实现100%的业务跑在公共云上。"云计算是IT基础设施的交付和使用模式,它通过网络以按需、易扩展的方式获得所需的资源(硬件、平台、软件)。"云"中的资源在使用者看来是可以无限扩展的,并且可以随时获取,按需使用,随时扩展,按使用付费。但在享受这些好处的同时,数据文件的隐私保护以及权责问题也随之成为企业面临的风险。RIMS公司和瑞士再保险公司对网络风险的分类涉及"第一方风险"和"第三方风险",除了上述典型风险,还包括金融盗窃和/或欺诈、网络赎金和敲诈勒索、知识产权盗窃、事故响应成本、声誉损害(不包括法律保护)、监管和法律辩护费用(不包括罚款)等多种形式。

  网络风险的升级,让政府、企业和个人都对该风险愈加关注。各国纷纷颁布数据保护方面的法律法规,我国自2017年6月开始实行《中华人民共和国网络安全法》。2019年5月,我国发布了等级保护2.0国家标准,增加了个人信息保护、云计算扩展等要求。来自国家计算机网络应急技术处理协调中心的信息显示,境内感染计算机恶意程序主机数量变化在2015年达到高峰后,之后几年呈逐年下降的趋势。但随着移动终端的普及,2010—2018年,移动互联网恶意程序捕获数量走势却在逐年增加。对于这种复杂多变的风险,控制型措施无法做到万无一失,融资性风险管理措施的作用不言而喻。在这样的背景下,一些保险公司适时推出了网络安全保险来为客户提供保障。目前网络安全保险市场主要在美国,并且增长较快,这和当地相关法律比较严格、市场发展迅速有关。据预计,全球网络安全保险市场规模将会达到75亿—200亿美元,年均复合增长率超过20%。虽然大趋势向好,但网络保险也面临一定挑战,主要集中在数据和评估模型方面,数据不够充分,不同的业务模式和IT应用,其受网络攻击的风险也有高低之分,如何进行分类以及使模型能够涵盖新的变化,一直没有较好的解决方案。我国网络保险尚处于萌芽期,在责任险、数据损失险和运营中断险等方面亟待发展。

长期护理保险宜"制度统一、政府主导、商保承办"

陈 凯

2019-10-18

随着近年来经济水平和医疗水平的提高,我国的老龄人口抚养比也逐年上升。根据国家统计局数据,截至 2018 年年底,我国 60 岁及以上人口已经接近 2.5 亿,占总人口的 17.9%,而且这一数字将不断增加。面对如此严峻的老龄化形式,我国政府一直在寻求适当的应对方式,包括发展老龄产业、增强老龄服务、提高老龄保障等。我国保险业也一直希望通过保险的方式来缓解老龄化给家庭所带来的压力,如养老保险、医疗保险、长期护理保险(以下简称"长护险")等。这里主要讨论一下在我国刚刚试点不久的长护险制度。

相比养老保险和医疗保险,长护险在我国还属于新鲜事物。2016年6月,中华人民共和国人力资源和社会保障部发布了《关于开展长期护理保险制度试点的指导意见》(人社厅发〔2016〕80号),决定在15个城市进行长护险的试点,长护险制度在我国正式启动试点。首批试点包括上海、广州、青岛、承德、长春等15个城市和山东、吉林两个重点省份。目前我国整体的社会保障体系尚不完善,医疗保险还无法覆盖长期护理的费用,养老保险的保障程度也是基本范围,高额的护理费用可能会影响家庭的正常生活。长护险制度可以在一定程度上解决部分家庭在护理费用上的经济压力。经过三年的时间,长护险试点取得了一定的成绩。据不完全统计,截至2018年6月底,长护险试点覆盖了5 700万人,18.45万人享受了这一待遇。在这次试点中,各个地方政府的积极性非常高,除了15个试点城市,还有超过50个自愿试点的城市,并且这个数字还在进一步扩大,这说明居民对长护险产品的需求很大。另外,通过试点,我国基本建立了一个多元筹资的机制,将政府、保险公司、护理机构、社区、个人、单位等主体联系到了一起。

然而,从这三年试点的情况来看,我国长护险制度也暴露了一些问题。首先,各个地区的试点制度不够统一。由于这次长护险试点的城市较多,城市规模也参差不齐,尚未形成一个统一的制度框架。各个地区在试点过程中所提供的保障范围、受益规模、保障水平、筹资渠道、收费标准、待遇支付方面都存在较大的差异。举例来说,有些城市长护险的保障范围是Barthel指数不高于40分,而另外一些城市的标准是不高于60分。所谓"不患寡而患不均",这种地区差异会引发很多社会问题,影响社会经办机构的积极性,也会影响居民参保的积极性。同时,制度的过度碎片化会增加运营成本,影响长护险的可持续性。其次,商业保险的参与程度略显不足。对于该不该引入商业保险运营长护险制度这一问题其实并没有一个完美的答案,不同国家采用的方式都不尽相同。欧洲很多国家都是采用商业保险运营、政府提供津贴的模式,个别国家采用了纯社会保险模式。有一些观点认为我国的社会保险应该承担更多的责任,采用纯社会保险的模式。但笔者更倾向于商业保险和社会保险的混合模式,既有社会保险,也有津贴,利用商业保险公司的渠道和技术优势,结合社会保险的数据优势来为居民提供多层次的长护险制度。从目前试点的情况来看,长护险的运营还是主要依赖社会保险,资金主要通过"个人缴纳、医保划拨、财政补助"三个方面来筹集,商业保险公司已经开始参与,但并不理想。目前我国老龄化速度非常快,无论是社会养老保险还是社会医疗保险,都已经存在较大的资金压力,很难再给长护险提供一个持续稳定的支持。单纯依赖政府只能降低保障水平。但如果能鼓励商业保险公司开发适销对路的保险产品和服务,发展与社会护理保险相衔接的商业护理保险,则可以有效地满足多样化、多层次的长期护理保障需求。

因此,针对我国长护险试点中出现的一些问题,笔者认为有两点需要处理。首先,尽快完善并统一我国的长护险制度。各个城市多样化的长期护理制度虽然存在碎片化的问题,但也可以给我国最终的长护险制度设计提供更多的参考建议。通过学习这些试点城市的经验并分析相关的数据,可以提炼出来一些具有全国共性的地方,并在长护险制度的顶层设计中体现,从而建立一套以长护险制度为核心的长期护理标准体系。其次,要明确政府主导、商业保险承办的原则和机制。长护险不同于养老保险和医疗保险,其享受待遇的个体差异化较大,对服务供给者的专业要求比较高。仅仅依靠政府部门的能力不足以提供个性化的服务,也会因为核算问题造成基金滥用或浪费等问题。而商业保险机构一方面具有较强的精算定价能力,可以发挥自身精算人才和经验数据的处理能力,为长护险基金的筹集、管理、给付提供适当的精算评估,从而保证长护险制度的长期可持续性;另一方面具有专业的运营和管理能力,可以在理赔勘察、费用核算、控费机制等方面提供足够的支持,提高长护险的风险管理能力,降低运营成本。目前已经有很多商业保险机构开始参与经办长护险。据不完全统计,截至2018年12月底,商业保险公司参与长护险试点项目约35项,覆盖人群也超过4000万,可谓一个良好的开端,但还需继续扩大经办范围。

总结来说,我国长护险的发展需要围绕十二个字"制度统一、政府主导、商保承办"。这看似简单,实则不易,需要政府、商业保险、个人等多个主体共同努力,推动我国长护险稳步发展,完善我国的社会保障体系,积极应对老龄化社会,让人民过上美好的生活。

大病保险制度的三大困境与思考

王瀚洋

2019-10-25

2012年8月,中华人民共和国国家和发展改革委员会、财政部与保监会等六部委发布《关于开展城乡居民大病保险工作的指导意见》(发改社会〔2012〕2605号,以下简称《指导意见》),引入市场机制,建立大病保险制度,减轻城乡居民的大病负担。《指导意见》规定,当个人负担的"合规医疗费用"("合规医疗费用"指符合基本医疗保险药品目录和诊疗项目目录中规定而产生的医疗费用)超过当地统计部门公布的上一年度人均可支配收入时,才算发生"高额医疗费用",大病保险启动支付程序,报销比例不低于50%。《指导意见》发布七年来,大病保险制度有效地提升了基本医保的保障力度,切实降低了人民群众因病致贫、因病返贫的概率。截至2017年年底,城乡居民大病保险覆盖的总人口达9.2亿,报销比例普遍提高了10—15个百分点,超过1700万人受益,大病保险的实施使中国在解决家庭灾难性医疗支出方面取得了一定成效。在2019年3月国务院总理记者见面会上,李克强总理指出,近14亿人已经被大病保险制度覆盖,大病保险制度有效地减轻了人民的医疗负担。无疑,大病保险制度的推进给老百姓带来了福音,但其在实践中也遇到了三大困境。

困境一:原有的基本医保制度制约了大病保险的保障水平。中国的基本医保制度呈现碎片化特征:各个制度相互封闭,按照户籍标准(城乡)、就业标准(劳动者与居民)、行业性质标准(公务员与普通劳动者)等划分,较难流动,统筹层次低,主要停留在市级或县级,保障力度在城乡、区域、不同群体之间存在明显的差异。另外,基本医保制度的报销目录在"保基本"的原则下,涵盖的药品和耗材有限。大病保险作为基本医保的二次报销,延续了这些问题。各地大病保险的筹资水平差距较大,实际保障水平差距也较大。例如,根据各省份的试点实施方案,湖北的筹资标准是25元/人,而青海的筹资标准是50元/人。各地的保障水平也有较大差异,有些省份设定了报销上限即封顶线。例如,山东规定报销不高于20万元,山西的最高支付限额却有40万元,大多数省份则没有规定报销上限。起付线差异也比较大,例如,甘肃、青海的起付线是5000元,湖北、山东、吉林的起付线是8000元,山西的起付线是10000元。此外,由于绝大多数地区合规费用范围与基本医保报销目录一致,大病患者临床必需的许多目录外药品耗材得不到报销。

困境二:商业保险承办大病保险的积极性有限。大病保险的定位是普惠,把保险公司的经营利润压得很低。根据《指导意见》文件精神,商业保险公司承办大病保险需要秉持"收支平衡、保本微利"的原则。各地根据实际情况对"保本微利"做了不同的规定。例如,内蒙古的地方政府在合同中明确"保险公司承办大病保险资金盈余不得超过投保资金的5%,超出部分全部返还基金专户";江西景德镇市则要求保险公司盈利的30%必须用来做二次补偿,抚州市则规定盈利的50%需返还回医保基金。总的来说,保险公司在承办大病保险的业务中,在扣除各种费用后盈利微乎其微,因此失去工作积极性,显然不利于保险公司专业优势的发挥。商业保险公司承办大病保险的另一个激励是通过大病保险和医保系统对接,以获取数据资源。但事实上,保险公司在承办大病保险时,往往难以从医保部门和医疗机构共享参保人相关信息,这不但严重影响了商业保险定价、理赔的效率,而且让商业保险承办大病保险的积极性进一步受挫。

困境三:不断提升的待遇和基金长期平衡之间的矛盾。提高待遇水平和控制医疗费用从来都是医保的两大主题,如何达到最佳平衡点,是理论和实务都聚焦的问题。大病保险作为二次报销的支付水平不断提升,2019年3月《政府工作报告》提出,居民医保人均财政补助标准增加30元,一半用于大病保险。降低并统一大病保险起付线,报销比例由50%提高到60%。与养老保险一样,提升待遇具有刚性,只能不断提升却无法下降,但面对快速增长的医疗费用,如何筹资成为一个严峻的挑战。

换句话说，如果没有重大的结构调整，不断提升待遇必然带来大病保险基金甚至医保基金的失衡甚至不可持续。而且，医疗费用面临两个巨大的风险，一是在日益严峻的人口老龄化趋势下，假定其他条件不变，医疗费用将大幅攀升；二是不断提升的医保待遇水平，可能引发事前道德风险，居民降低健康投资（比如体检、健身），进一步增加医疗花费。

如何摆脱三大困境，继续推进大病保险制度呢？笔者有三点思考，第一，市场化经营，让保险公司负责大病保险的定价、核保和理赔，政府只负责法律层面的监管，但可以给予一定的保费补贴；第二，加速推进基本医保整合，不断提升基金的统筹层次，建立国家层面的参保人员信息平台，将分散在不同部门的数据库，如扶贫办的扶贫数据、之前保存于民政部门的医疗救助数据以及之前人社部门保管的基本医疗保险数据等，合并整理，且一定程度上面向经办大病保险的商业保险机构开放，助力大病保险精准经营；第三，建立预防为主的大健康格局，增加体育设施，普及健康知识，发展健康产业，从源头降低高额医疗费用风险。

提升健康保险,保障人民健康

郑 伟

2019-11-15

2019年11月12日,银保监会发布了新修订的《健康保险管理办法》(以下简称"新《办法》"),以替代2006年版《健康保险管理办法》,引起广泛关注。本文从新旧《健康保险管理办法》所处的健康保险发展环境的变化、《"健康中国2030"规划纲要》的要求、《健康保险管理办法》的新变化等三个方面进行讨论。

一、健康保险发展环境的变化

与2006年相比,2019年健康保险发展的内外部环境,包括医药卫生体制、医疗保障制度、健康保险行业等,都发生了深刻的变化。

(一) 从医药卫生体制看

2006年,深化医药卫生体制改革部际协调工作小组刚刚成立,医改方案制定工作刚刚起步。2019年,医改方案(即《中共中央国务院关于深化医药卫生体制改革的意见》)发布实施已经十年,覆盖城乡居民的"四梁八柱"的基本医疗卫生制度基本建立。

(二) 从医疗保障制度看

2006年,除了城镇职工基本医疗保险,新型农村合作医疗尚处于起步阶段,城镇居民基本医疗保险尚未开展《国务院关于开展城镇居民基本医疗保险试点的指导意见》(国发〔2007〕20号),基本医疗保险仅覆盖城镇职工和部分农村居民。2019年,基本医疗保险参保人数超过13亿,参保率稳定在95%以上,全民医疗保险制度基本建立,而且城乡居民大病保险制度全面实施,个人税优健康保险全面推开,多层次医疗保障体系逐步建立。

(三) 从健康保险行业看

2006年,健康保险保费收入377亿元,占人身保险市场的9%。2019年前三个季度,健康保险保费收入5 677亿元,占人身保险市场的22%。按可比口径换算,2019年的健康保险保费规模是2006年的20倍,健康保险已经逐渐成为国家多层次医疗保障体系的重要组成部分。

二、《"健康中国2030"规划纲要》的要求

中华人民共和国成立以来特别是改革开放以来,我国健康领域改革发展取得了显著成就,当前我国人民主要健康指标居于中高收入国家前列;但同时,工业化、城镇化、人口老龄化、疾病谱变化、生态环境及生活方式变化等,也带来了一系列新的挑战。

在这样的背景下,2016年中共中央国务院发布《"健康中国2030"规划纲要》(以下简称《规划纲要》),提出"2030年主要健康指标进入高收入国家行列"的战略目标,并且对健全医疗保障体系,包括积极发展商业健康保险,都提出了明确要求。

《规划纲要》提出,要健全以基本医疗保障为主体、其他多种形式补充保险和商业健康保险为补充的多层次医疗保障体系;到2030年,全民医保体系成熟定型。《规划纲要》还提出,要落实税收等优惠政策,鼓励企业、个人参加商业健康保险及多种形式的补充保险;到2030年,现代商业健康保险服务业进一步发展,商业健康保险赔付支出占卫生总费用比例显著提高。《规划纲要》的发布,为我国健康保险的发展提供了一个新的背景。

三、《健康保险管理办法》的新变化

与2006年版《健康保险管理办法》相比,新《办法》,第一条"立法目的"新增了一句话——"提升人民群众健康保障水平"。这一句很重要,它开宗明义地宣示,发展健康保险的根本目的在于提升人民群众健康保障水平。我们知道,要想实现这一根本目的,存在一个必要条件,那就是健康保险本身要做到"健康"!

健康保险的"健康",至少应当体现在四个方面:一是机构要专业,二是产品要规范,三是销售要保护消费者权益,四是监管要与时俱进。在这几个方面,新《办法》具有积极的促进意义。

（一）从机构看，新《办法》鼓励专业经营

如果经营健康保险业务的机构不是专业的健康保险公司，而是人寿保险公司或养老保险公司的话，那么这些保险公司就应当成立专门的健康保险事业部，并持续具备单独核算以及精算、风险管理、核保理赔、数据管理、信息管理、专业人员等条件。

（二）从产品看，新《办法》要求产品规范

新《办法》明确了各类健康保险产品的特点和要求，强调坚持健康保险的保障属性。比如，医疗保险、疾病保险和医疗意外保险产品不得包含生存保险责任，避免相关产品披着健康险的外衣，而实际异化为储蓄型或理财型的产品；再如，护理保险的生存给付金应当以被保险人因保险合同约定的日常生活能力障碍引发护理需要为给付条件，避免护理保险产品打着护理的幌子，而实际异化为约定给付的年金产品。

（三）从销售看，新《办法》强调消费者权益保护

新《办法》规定，保险公司销售健康保险产品，不得强制搭配其他产品销售；保险公司不得非法搜集、获取被保险人除家族遗传病史之外的遗传信息、基因检测资料，不得要求消费者提供，也不得以这些信息资料作为核保条件。

（四）从监管看，新《办法》体现了"与时俱进"

比如，新《办法》规定，保险公司可以在保险产品中约定对长期医疗保险产品进行费率调整。这可以从两个方面来看。一方面，允许长期医疗保险进行费率调整，是一个合理的做法。因为这是一种对现实需要的回应，疾病谱变化、医疗技术进步，往往会带来医疗费用的上涨，如果不允许长期医疗保险进行费率调整，那么从供给端来说，保险公司可能会有两种选择：一是做非

常保守的精算假设,进行保守定价,使得市场上的长期医疗保险的费率较高;二是不提供真正意义的长期医疗保险,因为没有办法做准确的长期费率预测。另一方面,允许长期医疗保险进行费率调整,对专业监管也提出了很高的要求。比如,允许长期医疗保险做费率调整的触发条件是什么?调整需要经过什么样的审批或备案程序?如何确保费率调整的公平合理?如何保护保险消费者的合法权益?这些问题都需要深入研究。

再如,新《办法》将"健康管理服务与合作"独立设章,支持保险公司将健康保险产品与健康管理服务相结合,明确健康管理服务分摊的成本可以高达净保费的20%,也是一种与时俱进的体现。健康保险的价值,不应只是体现在发生健康损失之后的保险赔付上,而且应当体现在如何降低健康风险上。因此,跟原有规定相比,在健康保险产品定价中,允许健康管理服务有更大的成本空间,有利于做好疾病预防、慢病管理等工作,有利于将健康风险管理的关口前移,这对于利用健康保险机制做好健康管理、降低投保人的健康风险、减少疾病损失,具有积极的意义。

寻求价值导向:健康保险发展之魂

锁凌燕

2019-12-06

最近,很多人的朋友圈被一段视频刷了屏。视频展现的是国家医保局谈判专家"锱铢必较、分毫必争"的场面——一款国际价7—8元/片的治疗糖尿病的新药价格经过几轮砍价后,药企同意降至4.4元/片。没想到专家说:"4太多,中国人觉得难听,再降4分钱吧,4.36元。"药企代表最终回答"同意"。药价降到了新低,而专家的"灵魂砍价"迅速引发了众人点赞。

据报道,这场"圈粉无数"的谈判成效颇丰:150个谈判药品中,共有97个药品谈判成功进入乙类目录,价格平均降幅达60.7%。亮眼"战绩"的背后,体现的是我国医疗保险改革取得的重大进展:第一,汇聚了国家力量,形成了强大的谈判力量。此次谈判改变了以往分省谈判的格局,并基于医保扩面后整合管理的优势,汇聚了整个国家市场的"筹码",以市场换价格,从而掌握了谈判的话语权。2018年国务院机构改革中组建国家医保局的"初心"得到完美映证。第二,在前期探索的基础上,引入了科学合理的谈判方法。此次药品谈判以比价谈判为主,竞争性谈判为辅。前者借助药物经济学测算药品价值,以经验数据为基础支撑,参考国际市场价格等信息确定药品底价,企业有两次报价机会,如果两次报价均超过底价且超出幅度高于15%就将出局,不超过才有谈判空间。这种策略显然更适合创新的、替代品少的药物。竞争性谈判则是基于市场策略、价格优先,如果报价相同,临床评分更高者入选。如果竞争药品普遍疗效显著、治疗效果相当且价格昂贵,市场策略显然就会更胜一筹。这两种不同策略结合使用,既考虑了药品企业的生存利益和研发成本,也能够更好地符合群众期待和基金承受能力。第三,在医保购买决策中,突出了"以患者为中心"的价值导向。国家医保局作为中国最大的、医疗服务单一付费方,其购买决策的战略指向是全医疗产业链的重要"指挥棒"。本轮药品谈判显示出,医保不仅关注成本的节约,还特别关注医疗质量的改善,其购买也支持和鼓励创新,传递出了非常明确而积极的信号。以临床价值为导向、对人体疾病具有明确疗效的创新药物,具有新的治疗机理、治疗严重危及生命的疾病、罕见病的新药和儿童用药等,其医保准入不仅时间可预期,准入周期也大大缩短。

事实上，在 2019 年 11 月 29 日，也就是国家医保谈判准入药品名单发布会次日，国务院深化医改领导小组印发《关于以药品集中采购和使用为突破口 进一步深化医药卫生体制改革的若干政策措施》（国医改发〔2019〕3 号），提出包括全面深化国家组织药品集中采购和使用改革、构建全国药品公共采购市场和多方联动的采购格局、提升药品质量水平、确保药品稳定供应等十五项措施，并明确了各项工作的负责部门。

可以说，在人口老龄化不断深入、人民群众对健康的追求持续升级等因素影响之下，医疗费用的增速高于经济和财政增速已成长期趋势，依托大健康理念管控健康风险，基于价值导向推动医保、医疗、医药改革的联动改革，对于提高医疗保险体系的可持续性十分关键。中国的基本医保在取得了扩面工作的重大成果之后，得以实现经验和数据的逐步累积，继而有条件形成以价值创新和市场竞争为依据的医保支付机制，未来势必会越来越显著地影响甚至塑造卫生健康体系的成本分布和质量水平。这为商业健康保险加快价值导向的发展提出了要求。

首先，要做好补充保障的"价值赋能"。基本医保作为最大单一付款人，撬动了新型支付机制的建设，为整个医疗保障体系进行医疗费用管控奠定了良好基础，商业健康保险可以进一步"跟随"，从而更有"底气"拓展费用补偿型业务，引导医疗资源的合理使用，助力控制医疗成本。在过去相当长一段时间内，健康保险业的发展重心偏向疾病保险，但这种险种主要只是在保障范围和保障水平上为基本医保提供积极补充；费用补偿型产品的发展，实际上是推动行业向管理型保险转型，保险公司在这个过程中可以利用市场和技术手段，将医疗结果、患者体验和医疗成本结合起来综合考虑,助推数据采集、疗效量化和医疗服务精细化管理等工作,从而进一步成为更重要的医保体系的价值贡献者。

其次,要做好创新价值导向经营模式的探索者。医改价值导向的三医联动基调已经确定,未来医疗服务体系评价也将逐步发展为以人群健康结果为主要指标。因此,健康保险的生命力,将更多地体现在通过预防、早诊早治、康复等全链条的健康管理来改善健康投入产出比的能力上,体现在整合大健康产业链、构建"大健康"生态闭环服务体系的能力上。所以,健康保险业需要不断围绕这一趋势开展业务模式创新,在传统医保、医药合作的基础上开拓新的生态伙伴准入路径。事实上,数字和生物技术的融合正在打破传统医疗保健的格局,健康领域的创新如今正在围绕大数据、物联网和人工智能大规模发展,探索创新模式,不仅是商业健康保险发展的内生需求,也会为基本医保积累经验,形成不同医疗保障层级之间的有效互动和协调发展。此外,价值导向也意味着,商业健康保险的发展不能是"自我循环"式的,还得与其他类型的保障制度形成有效互动。例如,根据"人本位"的价值取向,结合养老、医疗、护理、康复等服务资源,在机构养老、社区养老及居家养老服务体系中嵌入健康服务模块,以服务对象为核心配置资源,以更有效地应对老龄化挑战。

最后,要做好价值导向信息系统的建设者。正如前文所说,本轮医保药品谈判为保证方法科学合理,使用了药物经济学测算药品价值,而这种测算需要包括不同治疗方案成本、医疗效果等经验数据为支撑,国际市场价格等信息为参考,还需要就新药对医保预算的影响进行测算,这些都需要信息系统的有效支持。2019年6月,国家医保局发布《医疗保障标准化工作指导意见》(医保发〔2019〕39号),要求加快形成全国统一的医疗保障标准化体系;健康保险业也应积极参与这一进程,在标准制定、指标设计与维护等方面,贡献行业的力量与智慧。

金融供给侧结构性改革背景下的保险业发展

刘新立

2020-01-10

2020年的首个周末,金融业连出重磅信号。其中,1月4日银保监会发布《关于推动银行业和保险业高质量发展的指导意见》(银保监发〔2019〕52号,以下简称《意见》),对推动银行业、保险业高质量发展提出要求,明确了2025年目标。《意见》明确表示要"发挥银行保险机构在优化融资结构中的重要作用。银行保险机构要健全与直接融资发展相适应的服务体系,运用多种方式为直接融资提供配套支持,提高直接融资比重"。对于与保险业相关的未来五年发展目标,《意见》提出,要"大力发展企业年金、职业年金、各类健康和养老保险业务,多渠道促进居民储蓄有效转化为资本市场长期资金"。这体现了监管层明确长线资金入市、完成金融供给侧改革、加强金融支持实体经济的一些具体政策部署,同时也是对保险业资金融通功能如何更好地与国家金融政策相匹配的一个具体指引。

首先,在当前经济发展面临较大压力的背景下,为资本市场注入长期的资金无疑会为市场稳定增加一块基石。随着我国经济由高速增长阶段转向高质量发展阶段,国内经济下行压力加大,经济发展面临的风险挑战日趋复杂。2019年是我国经济发展形势极为复杂严峻的一年,国内方面,经济结构性矛盾凸显,市场需求降低,企业利润下降,实体经济困难增多。国际方面,我国发展面临的外部环境也发生了很大变化,单边主义和贸易保护主义加剧,地缘政治不确定因素增多,世界经贸增长放缓态势明显,主要经济体增速普遍回落,而中美经贸摩擦更使得相关领域备受考验。虽然经济运行中出现了一些困难和问题,但当前我国的经济增速虽然比高速增长时低,但在世界范围仍是较高增速。许多企业对外部环境变化都有较强的应对能力,一些企业在压力下反而加快了转型升级步伐,金融供给侧结构性改革能够有效且有较长稳定预期地支持实体经济发展,是经济稳中向好的重要保证,而来自保险业的长期资金是其中重要的组成部分。

其次,居民储蓄以长期资金的模式进入资本市场,有利于资本市场稳健运行。我国居民储蓄率较高,且具有庞大体量。央行数据显示,2019年11月末,人民币存款余额为192.28万亿元。其中,2019年11月人民币存款增加1.31万亿元,同比多增3571亿元,住户存款增加2 466亿元。对于资本市场而言,其发展中很重要的一个要素是长期的资本市场融资结构。高质量发展需要企业的创新,而企业创新仅靠传统银行业的间接融资还是有一定的不足,银行和保险机构在发挥提高直接融资比例方面可以发挥更大的作用。银保监会、证监会推动提升中长期资金入市比例,进一步提高机构投资者的占比,有利于提升市场运行的稳健性,并降低股市大幅波动的可能。

再次,以健康和养老保险业务作为依托,引导储蓄长期投资资本市场,最终再通过保险给付将受益返回居民,不仅通过市场手段分散了健康和养老风险,而且为居民财富的长期保值增值提供一个好的途径。养老保险业务是老龄化社会下保险业发挥其重要力量的领域,各类健康保险也是人民社会水平提高的必然要求。2019年12月30日召开的国务院常务会议指出,我国已进入老龄化社会,60岁以上老年人已达2.5亿人,需要提供适应他们需求的商业保险产品,同时要改善其他群体的保险供给。为此,要积极发展社会服务领域商业保险,为更有力地应对老龄化提供支撑,满足群众其他保险保障需求。会议确定,一是加快发展商业养老保险,优化养老保险结构。借鉴国际经验,支持开发多样化的养老年金保险产品和适应60岁以上老年人需求的医疗、意外伤害等保险产品。加快发展商业长期护理保险。二是大力提升商业保险产品和服务质量。鼓励保险机构适应消费者需求,提供涵盖医疗、照护、生育等多领域的综合性保险产品,逐步将医疗新技术、新产品等纳入健康保险。发展面向低收入人群和新业态从业人员的保险产品。

在养老险方面,在老龄化背景下,基本养老保险收支出现矛盾,单纯依靠提高养老保险缴费基数、扩大养老保险收缴面、提升养老保险收缴标准等,已经无法满足需要,此时商业养老保险是解决社会养老保险问题最有效的手段之一。在健康险方面,在科技发达的今天,人们的寿命越来越长,而随着收入的增长,居民也越来越重视生活质量和养生。除了养生,人们对于健康险的购买意愿也有所提高。近年来我国健康险业务一直保持着较高的增速。2018年,在原保险保费收入的同比增速下降了14.24个百分点的情况下,健康险业务原保险保费收入5 448.13亿元,同比增长24.12%。2019年前10个月,健康保险保费收入达到6 141亿元,同比增长30.7%;赔付支出1 838亿元,同比增长37.28%,为参保人积累了超过1.1万亿元的长期健康险风险准备金。目前,保险业销售的商业健康保险,包括疾病保险、医疗保险、医疗意外保险、护理保险和失能收入损失保险,产品已达5 000多种。2019年12月30日经国务院常务会议审议通过的《关于促进社会服务领域商业保险发展的意见》(银保监发〔2020〕4号)中提出,力争到2025年,健康险市场规模超过2万亿元;在养老险方面,力争到2025年,为参保人积累6万亿元养老保险责任准备金。

健康保险和养老保险业务的发展为资本市场带来大量资金,而资本市场繁荣,才能够提高直接融资比例,从而让企业可以通过发行股票或发债来融资,进而也会形成财富效应,让居民有更多的财富可以进行消费,这些都有利于我国经济增长以及转型。

最后,需要特别注意的是,同是引导居民储蓄转化为投资,但保险业要避免重走之前高速发展理财型分红型产品的老路。单纯以理财为主题的中短存续期产品,既不像商业养老保险和健康保险那样发挥着保障民生、分散风险的作用,也没有发挥寿险资金具有长期性特点从而作为一种长期资金可以促进资本市场的稳定、发展的特质。以健康保险与养老保险的风险管理机制为基础,才能促使保险业风险保障、资金融通及社会管理功能有机结合。

CCISSR 政策与监管

保险监管的本土化与全球化

贾若

2019-02-27

近年来,金融业全球化程度和跨国界的资本流动不断增强,相应的,作为保护消费者和维护市场秩序的重要手段,金融监管的全球化成为防范和化解跨国金融风险的现实需要和重要途径。商业银行监管业已形成了一套以巴塞尔委员会和"巴塞尔协议 III"为基础的国际监管协调机制和统一规则。2017 年 12 月,"巴塞尔协议 III"的最终方案顺利通过,并将于 2022 年年初在各成员国完成落地实施,这标志着银行监管的全球化发展进入一个新的阶段。

作为金融业的重要组成成分,保险行业特别是再保险和非寿险的全球化趋势也日益明显。但保险业全球统一监管规则仍处于初步探索阶段,以偿付能力监管为例,国际保险监督官协会(International Association of Insurance Supervisors,IAIS)虽已提出一套全球统一的监管原则"国际资本标准"(international capital standards,ICS),但该监管标准相对注重原则性,和银行业监管规则的国际化程度不可同日而语。各主要保险市场各自发展和建立了不同的本土化偿付能力监管制度,例如美国的"风险资本制度"(risk-based capital standards,RBC)、欧盟的"偿付能力第二代标准"(Solvency II),和中国的"第二代偿付能力监管制度体系"(简称"偿二代")。

一方面,各国独立的保险监管制度虽然有其适应本土市场的优势,但也会带来一系列问题。

第一,这会在国际保险市场留下监管的空白地带,产生监管套利空间。在保险公司全球提供业务和配置资产的时代,对保险业务和保险投资的监管被限制在各市场的地理区域内,从而出现了监管对象和监管主体的不一致。这种监管对象的全球化,以及监管主体和规则的本土化,催生监管套利空间,诱导资本流向监管较为宽松的市场,进而影响监管过严市场中保险企业的全球竞争力和话语权,既不利于市场的公平竞争,也可能导致国际监管整体效果的下降。

第二,本土化的监管制度为跨国企业的经营带来了额外的成本。本土化的监管制度下,各市场的监管政策存在较大差异,跨国企业需要投入大量人力和物力资源,适应新市场的监管政策,并根据监管政策调整经营策略。保险风险由于部分市场监管的原因,不得不通过内部再保险在市场间转移,投资资产也可能会由于监管的原因而扭曲配置,产生额外成本。在监管政策和监管工具日趋复杂的今天,对一个新监管制度的研究和适应将会是一笔巨大的投入。例如,为了适用新的监管制度 Solvency II,英国保险公司的支出高达 30 亿英镑。

另一方面,全球化的保险监管同样存在问题。

第一,各市场的资产投资结构和保险业务险种结构差异较大,一套全球统一的监管规则可能难以同时适应不同的市场结构。以偿付能力监管为例,监管制度应当对各自市场中风险较高(低)的业务设定较高(低)的资本要求,避免扭曲市场的投资和经营决策。但同一类业务在不同市场中的风险程度有所差异,在中国市场风险较高的业务未必是美国市场的高风险业务。在这种情况下,推行全球统一的保险监管规则,可能对某些资产或者保险业务线要求错误比例的资本,将有可能使得保险公司更多地配置国际监管制度认定的低风险业务,而非该市场真正的低风险业务,改变市场上原有的最优投资配置和业务决策,降低了保险市场效率。

第二,各市场的成熟程度存在较大差异,很难有一套全球统一的监管工具同时适应于成熟市场和新兴市场。相对复杂但更为精确的监管工具是成熟保险市场的福音,但对于新兴市场来说,则可能为保险机构和监管部门带来过高的执行成本和监管成本,浪费有限的监管资源。例如,一般认为,情景法可以更为精确地度量保险公司的资本要求,对欧美等拥有较高精算技术的成熟市场是合适的,但对于像中国这类新兴市场来说,则可能会带来较高的成本,一定程度上抵消了精确化带来的收益。

综上所述,保险监管的本土化和全球化各有所长,但也有各自的问题,绝对的本土化和全球化也许都不是最明智的选择——保险监管也许更应该在本土化和全球化之间寻找一个平衡点。一方面,中国保险监管机构应当积极参与国际统一监管规则的制定,推动"偿二代"与欧美主流偿付能力监管体系的可比化研究,积极争取达成市场间监管评估结果互相认可的协议,降低中资保险公司在全球化中"走出去"的成本,也降低国际领先保险公司为中国消费者提供产品和服务的进入成本。另一方面,中国也应当保持监管的独立性,充分考虑到中国作为新兴市场,在发展阶段和主要矛盾上与欧美等成熟市场的差异,发展有中国特色的国际可比互认的保险监管体系。

奖补特色农险 助力精准扶贫

丁宇刚

2019-08-13

2019年7月7日,财政部印发《关于开展中央财政对地方优势特色农产品保险奖补试点的通知》(财金〔2019〕55号),决定在内蒙古等10个省份,开展中央财政对地方优势特色农产品保险(以下简称"特色农险")奖补试点。奖补特色农险将进一步刺激农业保险需求,这将有助于提高农业生产者的收入水平,也有助于提升农业保险经营公司风险管理服务水平,最终将助力精准扶贫。

第一,奖补特色农险可以进一步刺激农业

保险需求。农业保险需求量主要受客观风险水平、消费者风险厌恶程度、风险意识、收入水平、保险价格、互补品和替代品等因素的影响。对特色农险产品进行财政补贴至少可以从保险价格、风险意识、收入水平这三个方面来影响农业保险需求。首先,对特色农险进行保费补贴直接作用于保险价格。保费补贴使得农业保险购买者支付的保费大幅降低,从而使得在其他条件不变的情况下,农业保险的需求量会显著增加。其次,各级政府在对农业保险进行财政支持以及保险公司在经营农业保险的同时,会加强对农业保险的宣传,这样可以加深农业生产者对农业保险的认识,提高其风险意识。农业生产者风险意识的提高将进一步促进其对农业保险的需求。最后,农业保险可以通过其损失补偿功能和提升生产经营效率的功能来提高农业生产者的收入水平,而收入水平的提升将进一步增加农业生产者对农业保险的有效需求。我国从 2007 年开始实行政策农业保险,对农业保险保费进行补贴,有效刺激了农业保险需求。不过,目前财政补贴主要针对大宗农业产品,而对地区特色农产品覆盖较少。根据财政部数据,中央财政保费补贴品种由 2007 年的种植业 5 个品种扩大到种养林 3 大类共 16 个品种,如水稻、小麦、糖料作物、油料作物、育肥猪等,基本涵盖了关系国计民生和粮食安全的主要大宗农产品,而数量相对更多的地方优势特色农产品如肉牛羊、杂粮豆、瓜果、蔬菜、茶叶、药材等,尚未纳入中央财政保费补贴范围。特色农产品多在收入水平较低地区,而这些地区的农业经济主要靠特色农业支撑。在缺少财政补贴的情况下,生产经营特色农产品的农户对农业保险的需求未能得到激发,而此次中央财政对特色农险进行补贴将有效刺激这部分需求。

第二,特色农险有助于提高农业生产者收入水平。与大宗农产品保险相似,特色农险主要从两个方面来提高农业生产者的收入水平。一方面,农业保险可以通过损失补偿功能保证农业再生产过程的顺利进行。在发生农业风险事故并造成损失时,如果农业生产者没有农业保险,那么其只能通过消耗自己的储蓄、向他人或机构借贷等方式来继续维持农业生产经营,而农业保险可以对农业生产者进行损失补偿,保证农业再生产的顺利进行。相较于消耗储蓄和借贷,农业保险可以极大地减轻农业灾害给农业生产者造成的损失,从而有效避免农户因灾致贫。农业再生产的顺利进行有助于提高农业生产者的收入水平。另一方面,农业保险可以提高农业生产者的生产经营效率。农业生产者通过支付少量保费来购买农业保险,将生产过程中的农业风险转移给保险公司,这样可以减轻其后顾之忧,使其可以将更多的资金用于生产经营,从而可以扩大生产规模,提高生产经营水平和农业现代化水平。生产规模的扩大以及生产经营水平的提高自然会提高农业生产者的收入水平。

第三,特色农产品保险需求增加有利于促进保险公司风险管理服务水平的提升。财政对农业保险进行保费补贴可以增加农业保险的需求,而农业保险需求的增加会进一步影响保险公司产品和服务的供给。农业保险需求的增加不仅体现为量的增加,还体现为对多样化服务需求的增加,特别是对农业风险管理服务需求的增加。保险公司作为金融市场体系中的重要组成部分之一,不仅需要在被保险人发生风险事故时对其损失进行补偿,而且还需要提供农业风险管理服务。风险管理服务水平是影响保险公司经营效率的核心因素之一。2007年之前,农业保险的有效需求量很小,保险公司也就缺少提升农业风险管理服务水平的动力。2007年之后,农业保险需求量大幅上升,这同时促使了经营农业保险的公司在农业风险管理服务方面进行更多的人力资本和物质资本的投资,从而提升其服务水平。然而,因为不同农产品的特征不同,所以对不同农产品的风险管理方法会存在差异,而目前保险公司的农业风险管理主要针对大宗农产品。因此,此次对特色农产品进行保费补贴会提高保险公司对特色农产品风险管理的服务水平。相应的,保险公司农业风险管理服务水平的提高也会吸引更多的消费者,这会进一步刺激农业保险的需求,从而形成良性互动。

奖补特色农险通过进一步刺激农业保险需求以及促进农业保险需求和供给的良性互动,可以有效提高特色农产品生产者的收入水平,最终助力精准扶贫。《"十三五"脱贫攻坚规划》(国发〔2016〕64号)要求政府担负脱贫攻坚主体责任,以精准扶贫的方式,综合采用产业扶贫、教育扶贫等政策开展脱贫攻坚工作。此次奖补特色农险正是政府主导的又一次精准扶贫工作。地方优势特色农产品大多分布在中西部边远地区,这些地区的财力往往较弱,更需要财政支持,所以针对性地给予更高补贴比例和优先支持等措施可以提高财政资金使用效率和扶贫工作效率。

保险资金投资集合信托：快进中的风险监管

朱南军
2019-09-16

自2012年起，保险资金投资集合信托走过了8年的历程。2012年保险信托合作起步时，全国只有6家保险公司投资集合信托，当年投资规模为294亿元；截至2018年年底共152家保险公司投资集合信托，年度投资规模达1.26万亿元。2018年年底，全国保险公司投资集合信托合计占总投资资产的9.1%，在保险机构可投的各类金融产品中占比最高，66%的保险公司已投资信托产品。保险资金投资集合信托规模8年内实现了42倍的爆发增长。

保险资金投资集合信托规模的爆发增长主要有三方面因素：一是保险资金总盘子增大。保险资金运用余额从2013年年底的7万亿元至2018年年底的17万亿元，实现了整体资金运用余额规模2倍多的增长。二是投资比例增加。以信托计划、保险债权计划等为代表的"其他投资"（另类投资）占比从2013年的16.9%升至2018年年底的39.08%，"其他投资"近两年已跃然成为保险资金运用的第一大品种。三是十多年来信托业本身的快速发展，为保险资金运用提供了比较丰富的信托产品投资选择。同时，保险资金投资集合信托既是市场化的要求，也是需求端与供给端均衡的结果。从需求端看，集合信托计划相对于债券等公开市场产品收益率较高，对保险资金运用的收益增强效果明显。从供给端看，相比于保险债权计划的注册制，信托计划采用的是备案制，在交易结构设计灵活性、发行流程便利性等方面优于保险债权计划，集合信托计划产品供给也相对丰富。

保险资金投资集合信托快速发展的同时，其风险问题也与日俱来，市场上各种保险资金投资集合信托因为信用风险暴雷事件层出不穷。除了信用风险，保险资金投资集合信托还面临市场风险、流动性风险与合规风险等，为有效防范风险，保监会及后来的银保监会自2012年起先后发布了四个规范性文件来指导保险资金投资集合信托的运作。

2012年10月22日，保监会下发《关于保险资金投资有关金融产品的通知》（保监发〔2012〕91号，以下简称"91号文"），首次提出金融产品的概念，明确"保险资金可以投资境内依法发行的商业银行理财产品、银行业金融机构信贷资产支持证券、信托公司集合资金信托计划、证券公司专项资产管理计划、保险资管理公司基础设施投资计划、不动产投资计划和项目资产支持计划等金融产品"。91号文是保险资金投资集合信托计划最初的法律依据。2014年1月23日,保监会发布了《中国保监会关于加强和改进保险资金运用比例监管的通知》(保监发〔2014〕13号),对保险资金投资集合信托计划等各类资产的类别、大类投资比例、集中度风险监管比例、风险监测比例、内控比例及监管要求进行了明确规定。2014年5月5日,保监会下发《关于保险资金投资集合资金信托计划有关事项的通知(保监发〔2014〕38号,以下简称"38号文"),进一步明确保险资金投资集合信托计划的要求,包括对保险公司的内控、公司治理、人员、信托受托人选择标准、基础资产等的要求,并细化了信托受托人责任和保险投资集合信托监管报备的情形。

而在2019年6月19日,银保监会发布《关于保险资金投资集合信托有关事项的通知》(银保监办发〔2019〕144号,以下简称"144号文")。较之2014年38号文,144号文的19条内容对保险资金投资集合信托计划有了更为全面和细致的规定,旨在加强保险机构投资集合资金信托业务管理,规范投资行为,防范资金运用风险,但宽严相济,具体特点如下:

第一,修订放松了信托受托人准入资格,原有的"近三年公司及高级管理人员未发生重大刑事案件且未受监管机构行政处罚"修改为"近一年公司及高级管理人员未发生重大刑事案件,未受监管机构重大行政处罚",实际上大范围放宽了保险可投资的信托公司白名单。

第二,增加了保险资金投资集合信托的免增信条件,即融资主体信用等级为AAA级,且符合下列条件之一的,可免于信用增级:(1)上年末净资产不低于150亿元;(2)最近三年连续盈利;(3)融资主体募投项目为经国务院或国务院投资主管部门核准的重大工程。增加免增信条件的做法也是参考了保监会对保险债权计划的监管要求,框架类似但标准有区别。

第三,提高了基础资产的评级要求,将原有的保险资金投资"固定收益类的集合资金信托计划,信用等级不得低于国内信用评级机构评定的A级或者相当于A级的信用级别"提高为"对于基础资产为非标准化债权资产的集合资金信托,应进行外部信用评级,且信用等级不得低于符合条件的国内信用评级机构评定的AA级或者相当于AA级的信用级别"。

第四,增加了保险资金投资集合信托的信用增级安排的具体要求,如信托计划"设置保证担保的,应当为本息全额无条件不可撤销连带责任保证担保,担保人信用等级不低于被担保人信用等级,担保行为履行全部合法程序,且同一担保人全部对外担保金额占其净资产的比例不超过50%。由融资主体母公司或实际控制人提供担保的,担保人净资产不得低于融资主体净资产的1.5倍"等。这一要求是借鉴了保险债权计划的相关管理要求。

第五,增加了保险资金投资集合资金信托的集中度比例限制,规定"除信用等级为AAA级的集合资金信托外,保险集团(控股)公司或保险公司投资同一集合资金信托的投资金额,不得高于该产品实收信托规模的50%,保险集团(控股)公司、保险公司及其关联方投资同一集合资金信托的投资金额,合计不得高于该产品实收信托规模的80%"。此条引导保险资金对集合信托分散投资以控制风险。

第六，在投资嵌套方面，从过去"存在两层或多层嵌套"需向监管机构报告收紧为"存在一层嵌套"即需报告，此条是落实2018年《关于规范金融机构资产管理业务的指导意见》（银发〔2018〕106号）的消除多层嵌套的相关要求，实现穿透式监管。

第七，明确要求信托公司承担主动管理责任，"保险资金投资集合资金信托，应当在信托合同中明确约定权责义务，禁止将资金信托作为通道"，并"不得将主动管理责任让渡给投资顾问等第三方机构"。这是着眼于消除"制度套利"空间，从根本上解决"信托通道"问题的关键。

当前外部经济环境总体趋紧，国内经济下行压力加大，信托打破刚兑已在进行中。在这种形势下，保险资金运用应回归投资本质，加强投后管理，梳理已投资的集合信托的潜在风险，及时沟通处理；同时对于新投资的集合信托，加强风险控制，严防信用风险和市场风险。面对未来，监管部门应正本清源，着眼于建立公平竞争的政策体系，规则趋同，减少和消除"制度套利"机会；逐步拉平信托计划与其他金融产品的监管制度差别，监管重点放在实质风险而非形式要求。引导保险资产管理机构修炼"内功"，通过切实加强主动管理能力而不是监管制度红利来获取优质资产，提高投资水平和风险管理能力，服务实体经济。

SARMRA 评估及其一致性问题

贾 若

2019-09-17

"保险公司偿付能力风险管理要求与评估"（solvency aligned risk management requirements and assessment，SARMRA）是"中国风险导向的保险偿付能力体系（偿二代）"中的重要组成部分，是衡量保险公司偿付能力风险管理水平、促进保险公司提升风险管理水平的重要监管工具。

2015年，保监会发布的《保险公司偿付能力监管规则第11号：偿付能力风险管理要求与评估》（以下简称"11号规则"）规定：SARMRA

评估由九个评估项目组成,分别是风险管理基础与环境、风险管理目标与工具、保险风险管理、市场风险管理、信用风险管理、操作风险管理、战略风险管理、声誉风险管理,以及流动性风险管理。以上九项评分为细分项目评分,加总得到 SARMRA 评估总分。SARMRA 评估工作由各地方保监局(主要设在省级和计划单列市),以及保监会直属的"集中评估小组"完成,称为"评估主体"。2018 年,保监会与银监会合并成立银保监会和地方银保监局,相应继承了原保监会和原保监局的评估主体职能。

11 号规则发布以来,SARMRA 评估运行良好。2016 年和 2017 年,分别有 160 家和 172 家保险公司获得了 SARMRA 评估得分。两年中,参与 SARMRA 评估的保监局共 36 个,每个保监局评估 1—7 家保险公司不等,平均 4.4 家。2017 年,保监会牵头成立了"SARMRA 集中评估小组",选取 9 家保险公司作为集中评估的对象。此外,有 32 家保险公司在 2017 年列入免检公司,沿用 2016 年的评估结果。从总体评估结果来看,再保险公司、寿险公司的评分较高;与 2016 年相比,2017 年保险公司 SARMRA 评估结果稳中有升。2018 年,SARMRA 评估的评估流程(SARMRA、公司治理、资产负债管理能力三大现场评估工作合并)、评估主体(成立银保监会和银保监局)和评估对象(抽样评估)都发生了较大变化。

为保证 SARMRA 评估的客观公正,大部分保险公司在不同年份,由不同评估主体进行评估。2017 年,参与 SARMRA 评估的 172 家保险公司中,有 122 家和 2016 年相比更换了评估主体,占比 71%,未更换评估主体的仅有 4 家(其余有 12 家 2016 年未评估,32 家免检沿用 2016 年结果,2 家缺少评估主体信息)。在各评估主体不存在显著评分差异的情况下,更换评估主体有利于提升评估的公平性。

现行SARMRA评估机制对评估主体的依赖程度较高,这是由定性评估和现场评估的特点决定的。SARMRA评估对评估主体的专业水平要求也较高,除了风险管理,评估内容还涉及财务管理、产品精算、投资安排、法律合规等方面,评估人员需要具有较强的协作能力和较高的工作效率。这些因素导致不同评估团队的主观倾向和专业水平,可能造成对同一保险公司的评分差异,各评估主体的评价尺度不易统一。

如果各评估主体存在显著评分差异,无论差异是由主观倾向还是专业水准造成的,更换评估主体都可能会带来负面影响。首先,评分差异会影响同一保险公司不同年份评估结果的连续性,降低评估结果的纵向可比性,难以评估某个保险公司的风险管理水平是否得到改进或者发生恶化。其次,不同评估主体的评分差异会影响保险公司偿付能力风险管理水平的客观反映,进而干扰不同保险公司评估结果的横向比较。

因此,评估主体的评分一致性是现行SARMRA评估制度下,值得深入研究和需要持续改善的重要课题。具体来说,某个评估主体的评分一致性可以定义为,相比于其他评估主体,某个评估主体是否在SARMRA总分或细分项目的评估结果上,存在系统性偏高或偏低的倾向。检验评估主体的评分一致性非常重要,有利于发现SARMRA评估中存在的操作性问题,在此基础上提出改进建议,从而提升SARMRA评估的科学性和客观性,对进一步改善保险公司的偿付能力风险管理,建立更完善的风险管理能力评估机制具有重要意义。

解决不同评估主体之间可能存在的评估不一致问题,从根本上要进一步完善 SARMRA 评估机制,并持续不断地加强建设评估团队。具体来说,可以考虑把握好以下四个关键点。第一,完善细分项评分的评估规则,进一步具体化各细分项下需要评估的内容,根据保险公司的种类和风险管理实践中存在的问题对评估标准进行动态调整,以进一步标准化评分基础。第二,完善评估主体的确定机制,发挥集中评估的示范作用。确定某个保险公司的评估主体需要遵循科学客观、公开透明的规则,避免主观匹配,这有利于缩小评估主体主观因素对评估结果的影响。第三,发挥内部审查反馈和外部监督机制的作用。完善评估结果抽查复核机制,由集中评估组或者第三方外部专家团队对评估结果进行复核反馈。第四,加强对评估团队的专业化、结构化培训,设立评估资格制度和评估奖励制度,激发评估人员主动提高评估能力的主观能动性,促进评估主体形成审慎评估的习惯。

金融混业监管背景下的资本监管制度

贾 若

2019-10-08

随着金融混业经营的快速发展,银保金融集团、银保交叉持股和销售等混业经营形态在中国市场全面铺开。2018年,银保监会成立,迈出了金融混业监管的坚实一步,目前金融监管机构从中央到地方的实质整合已经基本完成。当初,银行业和保险业监管合并的考虑之一是银行的资本监管制度和保险公司的偿付能力监管制度之间有较高的相似性。商业银行的资本充足性和保险公司的偿付能力是存款人和被保险人利益的根本保障,是金融审慎监管的重要组成部分,因此成为银行业和保险业的核心监管内容与监管改革重点。基于两个行业的资本监管制度的相似性,本文提出两个资本监管制度都需要遵循的一些共同原则,为进一步推动两个资本监管制度的跨行业协调,探索跨行业统一的资本监管标准提供基础。

银行业资本监管制度和保险公司偿付能力监管制度有高度的相似性。首先,二者的目标和手段一致,都是希望通过督促金融机构准备充足的自有资本,来控制和降低金融机构的破产风险,因此二者统称为资本监管制度。其次,当前银行业以巴塞尔协议 III 为基础的资本监管办法,和风险导向的保险偿付能力体系(偿二代),本质上都是以金融机构所承担的各类风险为基础来确定对应的资本持有量,进而分别计算资本充足率和偿付能力充足率。最后,银行业和保险业在资产端的风险比较相似,都以信用风险和市场风险为主,资产组合都高度多样化,只不过最主要的资产类别有所不同,银行以贷款为主,保险公司以债券为主。因此,两个资本监管制度对资产端风险的监管思路和方法也较为相近。

基于上述相似之处,银行业和保险业的资本监管制度也应当遵循一些共同的原则,具体包括以下四个方面:

第一,资本监管制度应当对风险敏感,这也是当代风险导向资本监管改革的首要目标。资本要求应当涵盖商业银行和保险公司面临的所有主要风险类型,包含市场风险、信用风险、操作风险、战略风险、声誉风险、流动性风险和管理风险等,对保险公司还应额外考虑保险风险(包括巨灾风险)。上述各类风险的资本要求应当正确反映该风险对每个机构的影响大小。各金融机构的规模大小、业务性质、风险管理能力千差万别,资本要求应当反映各类风险对不同机构的不同影响。对机构整体资本充足性和偿付能力影响更大的风险,应当设定更高的资本要求。此外,金融机构面临的总风险并不是各个风险的简单相加,同一时点不同风险因素会彼此叠加或相互抵消。因此,资本要求还应当反映风险之间的叠加和分散效应,避免总资本要求被低估或高估。

第二,资本监管制度应当为被监管金融机构提供合理的激励。资本监管制度应当激励金融机构提高资本充足性和偿付能力,包括激励商业银行(保险公司)计提足额资产减值准备(准备金),激励它们加强风险管理。此外,资本监管制度还应当激励金融机构加强信息的公开程度和信息披露的准确程度。一方面,扩大信息披露范围有助于借助市场约束机制,持续管控机构的风险状况;另一方面,确认信息真实性的成本很高,无论监管机构、外部股东还是消费者,都难以识别机构是否瞒报坏账准备、损失准备金或者进行其他风险操作,因此,资本监管制度在设计上要激励机构主动披露和报告真实的财务数据。

第三,资本监管制度应当具备较好的可操作性。资本监管制度一旦建立,往往要运行十年甚至更长时间,而宏观经济变化和金融市场发展相对较快,导致风险状况相应变化较快。资本监管制度如果不够灵活,将难以适应新的宏观经济和金融市场环境,不仅无法起到应有的监管效果,不合时宜的监管制度还可能制约金融市场的健康发展。此外,资本要求的计算公式应当简洁,避免不必要的复杂计算。虽然复杂的模型有助于更精确地模拟金融机构所处环境,但会增加金融机构和监管机构的成本,抵消模型精确化带来的收益。复杂模型带来的高成本对中小金融机构尤为不利,可能导致其竞争力被削弱,进而提高市场集中度,影响市场效率。

第四,资本监管制度应当特别关注以系统性风险和金融混业集团风险为代表的新兴风险。资本监管制度应当包含逆周期监管的制度设计,逆周期监管可以降低金融业内部金融业与实体经济之间周期波动的叠加效应,有助于防范系统性风险。如果监管体系仅允许使用相同的标准模型计算资本要求,商业银行和保险公司的经营行为包括应对经济冲击的策略会有一定的趋同性,这将放大经济波动;而如果允许各个机构依据各自经营情况建立内部模型,将有助于缓解应对经济冲击策略的趋同性。此外,对系统重要性机构的监管应该更严格,系统重要性机构规模较大且与金融系统其他机构的联系较强,一旦发生偿付能力危机,对宏观经济造成的危害更大。另外,金融混业经营和集团化发展对金融集团的资本监管带来新的挑战,集团内部出现不同于个体银行和保险公司的特殊风险,例如内部交易风险,集团内子公司与子(母)公司之间往往通过互相投资等内部交易行为形成密切联系,一旦某个子公司经营出现风险,该风险很容易通过集团内部交易扩散,传递至整个集团。因此,资本监管制度应当设置相关机制额外关注金融集团层面的风险。

跨行业资本监管制度协调,既是金融混业经营对混业监管提出的客观要求,也具备了银保监管合并后提供的组织基础和内生动力,有助于资本在两个行业之间自由流动,减少资本配置扭曲,提升行业经营效率和发展质量。资本监管制度协调的内涵和路径,还需要进一步深入研究和广泛讨论。

建设"健康防贫"的制度体系

周新发
2019-11-08

"到2020年,现行标准下农村贫困人口全部脱贫、贫困县全部摘帽",这是我们党精准扶贫工作定下的目标。精准扶贫,本质上是党带领全国人民,尤其是贫困弱势群体实现共同富裕,通过将最贫困的群体纳入国家精准扶贫帮扶体系中来,提升他们的经济能力和发展能力。这是中国共产党践行"为人民服务"的初心,是全面建设小康社会和实现共同富裕的重要战略部署。

应当说,2020年年底实现全国贫困地区全部精准脱贫是建设富强、民主和文明的社会主义中国与实现中华民族伟大复兴一个重要的阶段性目标。但是,即使2020年年底扶贫攻坚结束后,由于健康风险冲击导致的"因病致贫"和"因病返贫"仍然可能发生。鉴于此,我们必须以发展的、动态的眼光看待贫困问题,向消化"因病致贫"存量和预防"因病返贫"增量同时发力。也就是说,既要巩固前期精准扶贫的成果,更要建立"健康防贫"的预防制度体系,解决"因病返贫"的脆弱性问题。后精准扶贫时代,要从完善健康预防制度、提高疾病治疗能力体系和提升医疗保障支付能力三个维度,完善"健康防贫"的制度体系建设。

第一,将"健康中国2030"建设与健康扶贫结合起来,完善健康预防制度体系。要深刻把握健康领域发展规律,改变传统意义上只重视治疗而忽视预防的片面健康发展观。首先,要普及健康生活方式。从健康促进的源头入手,强调个人健康责任,通过加强健康教育,提高全民健康素养,广泛开展全民健身运动,塑造自主自律的健康行为,引导群众形成健康膳食、积极锻炼、戒烟限酒等的健康生活方式。其次,坚持预防为主,做到防治结合。以妇女儿童、老年人、贫困人口、残障人士等为重点,从疾病的预防和治疗两个层面采取措施,强化覆盖全民的公共卫生服务,加大对重大传染病的防控力度,实施健康扶贫工程,创新医疗卫生服务供给模式,发挥中医"治未病"的独特优势,为老百姓提供更优质的健康服务。最后,尝试建立全民年度免费健康体检制度。目前,机关和事业单位组织员工公费体检,部分农村卫生院对于妇女开展免费"两癌"筛查体检项目,都取得了良好的社会反响。但是,对于大多数老百姓而言,尤其是大部分农村人口和农民工群体,由于健康意识淡薄,自费体检费用较高,使得他们很少会自觉去体检,而一旦发现大病重疾,为时已晚。因此,这方面有待于国家建立全民年度免费健康体检制度,提升全民健康素质。

第二,完善医疗服务体系,提升疾病治疗能力建设。一是依托现有机构在北京、上海、广州、深圳等大型都市建设一批引领国内、具有全球影响力的国家级医学中心,重点针对导致死亡率较高的心脑血管病、癌症肿瘤、呼吸系统疾病等危急重症、疑难病症提升诊疗能力,加强国家慢性病综合治疗示范区建设。二是进一步加大医疗资源向农村和基层倾斜,提升农村地区和基层医疗机构常规疾病的治疗水平,全面建立成熟完善的分级诊疗制度,形成基层首诊、双向转诊、上下联动、急慢分治的合理就医秩序。三是加强突发急性传染病防治。在抗击"非典"等突发急性传染病防治工作的过程中,我国建立了分级负责、属地为主的管理体制,健全了突发急性传染病防治法律法规、预案体系。目前,我国应对传染病的能力有了显著提升。但是对于如何防范类似埃博拉病毒、SARS病毒等输入性、突发急性、烈性传染病,还需要加大国家卫生资源投入,研究病毒导致传染病的感染、扩散和防控的规律,强化对传染病的源头治理。四是继续实施扩大国家免疫规划。注射疫苗的目的是什么?就是预防和控制疾病的发生。"免疫规划"是防控传染病中最经济和最有效的手段,需要继续统筹国家、社会和个体三个层面,形成维护和促进健康的强大合力,做好儿童常规接种、应急接种、查漏补种和高危人群接种工作,建立控制传染病的防控网,保障老百姓的健康。

第三,健全医疗保障体系,加强医疗支付能力建设。首先,要完善公费医疗、城镇职工、城镇居民、城乡居民医疗保险、大病保险等基本医疗保险制度,统筹实施贫困人口医疗医保救助托底保障,推动健康扶贫工作取得更大实效。加强各类医保制度整合衔接,改进医保管理服务体系,实现保障能力长期可持续。其次,要继续加大中央和地方各级财政对城乡居民医疗保险的人均补助标准,切实提升城乡居民医疗保险的医疗保障水平。2016年12月国务院整合城镇居民基本医疗保险和新型农村合作医疗两项制度,建立了统一的城乡居民基本医疗保险制度。相比公费医疗和城镇职工基本医疗保险制度,城乡居民基本医疗保险对参保者保障力度不够,不足以应对"因病致贫"。最后,完善大病保险制度。要运用大病保险等多种制度,不让"一个人患大病,全家都倒下"。在我国贫困人口当中,很多是因为大病致贫或大病返贫。大病保险通过对大病患者发生的高额医疗费进行二次报销,切实减轻患者家庭经济负担,降低贫困脆弱性。因此,在巩固基本医保的基础上,国家必须把治大病的问题作为重点来抓,把大病保险作为应对重大疾病冲击的经济保护伞,加大报销力度,完善报销制度,提升大病保险的社会保障功能。

由医保药品谈判引发的思考

姚 奕

2019-12-13

2019年11月28日,国家医保局正式公布了2019年医保谈判药品准入名单。令人振奋的是,此次谈判进入医保目录共有97个品种。其中,70个新增药品平均降价幅度高达60%,27个续约药品平均降幅也达到26%。一些抗癌药、罕见病用药、糖尿病用药被纳入了医保目录,惠及更多民众,而药企通过降价换量也可以实现良好的经济效益。

此前,因《我不是药神》热映引发民众对进口特效药品价格和渠道的普遍关注,李克强总理曾在国务院发言中敦促有关部门加快落实抗癌药降价保供等相关措施。此后,一系列医保药品谈判不断推进,成效日益显现。

我国的基本医疗保险(以下简称"基本医保")目前已基本实现"全覆盖"的政策目标。作为基本医疗保险,受到国情以及筹资水平限制,其政策目标是"广覆盖、保基本",因此,从这一层面来看,即便医保药品谈判形成自动化的调整机制,期待基本医疗保险覆盖大部分成熟的进口创新药也是不现实的。近年来,我国基本医保的报销比例和基金支出水平不断上涨,虽然目前基金有所结余,但从长期看,大幅增加开支会危及基金安全。进一步,作为基本医保,资金的使用效率是无法回避的判断标准。同样是10 000元费用,可以给100个孩子注射乙肝疫苗,也可以供一个患者一个月的进口药。政策制定者需要做出艰难的权衡。从基本医保基金承受力这个角度而言,笔者认为期待医保兜底大部分进口创新药并不现实。

从消费者的角度来看,基本医保"保基本"的现实应该转化为对于商业补充医疗保险的需求。无论是养老问题还是医疗问题,为了保持良好的生活水平和生命质量,最终都应该倚赖于政府、雇主、家庭和个人共同筹划分担的一个平衡系统。在基本医保之上,雇主可以提供团体补充医疗保险。而家庭和个人为了获得更好的医疗服务,也应当在事先进行财务规划,承担相应责任。在商业健康险种中,无论是定额给付的重大疾病保险,还是低费用、高起付线、高封顶线的高额医疗费用保险,抑或综合型的个人补充医疗保险,都可以在很大程度上缓解疾病重症给个人和家庭带来的医疗负担。

从保险公司的角度来看,应该深入进行市场调研和产品设计,开发差异性的商业健康险产品,对准基本医保的缺位设计补充性产品,在一定范围内突破基本医保目录的限制,涵盖部分新型的进口药品。此外,健康保险行业还可以发挥健康管理功能,进行横向和纵向的资源整合,在公共医疗资源紧张的背景下,通过提供个性化的服务提高客户体验,提升续保率和长期的经营水平。

从政府的角度来看,除了不断推进医保目录药品谈判机制,政府大有可为的领域还有很多。首先从根本上说,增强竞争力的关键还是在于建立长效机制,提高国内药厂的研发和生产能力,从而有助于基本医保采购环节的竞价实力。其次,政府可以尝试打通跨境电子商务渠道采购进口药品,这有助于打破国际药企的价格歧视,进一步压低药价。最后,政府从政策层面进一步大力支持商业健康保险的发展,从一定程度上减轻基本医保的资金压力。比如,通过税收手段激励更多企业为员工提供团体补充医疗保险;发展个人税优型商业健康保险;从中学、大学阶段加强培养保险意识、健康教育等。

与此同时,我们需要注意的是医疗体系改革以及医疗保险体系建设是一个综合型的系统工程,把药品纳入医保目录是其中的一个环节,而参保人能否享受到高质量的医疗服务和足量的药品供应,还需其他政策和参与方的配套努力。

近年来,我国基本医保的基金运行压力随着人口老龄化和医药科技进步等因素而逐年增加,因而控制医疗费用上涨成为亟待解决的问题。一方面,医保基金反欺诈是节流的举措之一,通过商业保险公司经办业务和建立更高效率的欺诈识别机制能够减少资金浪费；另一方面，我国也在积极试点医保支付方式从后付制向多种多样的预付制转变，探索包括总额预付、按人头付费、按病种付费在内的一些支付方式，使得医院有动力减少不必要的过度医疗支出。但是在制定新的支付标准时，需要科学地论证，并结合具体医院的就诊人数、患者种类和历史数据，并考虑当总额超支时，政府部分承担合理费用（同理，当总额节余时医保和医院也可以分享节余），避免一刀切的政策。否则，预付制改革将通过医保—医院—科室—医生—患者这一链条被传导和层层放大，使得年底出现额度不够，医保患者面临有病无法收治、有药不能开的窘境。

此外，在"药品零加成"改革后，医保考核医院药费占比，也导致了一些新药和特效药即便列入了医保目录，也很难通过医保开具的现象；而医院为了实现利润，通过增加检查费用的方式弥补药品不赚钱的现状，实际造成医疗支出总费用并未有效下降，甚至可能增加。根据社会合作理论，一项改革要取得成功需要各方配合，并考虑改革对于现有体系的冲击及应对。在各方激励相容的前提下，才有助于政策落地。

CCISSR 企业经营与市场环境

新的时代背景下,保险消费者真的变了吗?

刘新立

2019-01-22

近一段时间以来,一些网销产品的热卖引起了业界的广泛热议。一方面,各方人士对网销产品的特点进行了多角度的解读;另一方面,业内也通过消费者令人瞠目的加入速度,指出随着"互联网原住民"一代("80后""90后")成为主力消费者,保险消费的主体和结构及其心理、习惯、能力和水平都已经发生了深刻的变化,应站在新的时代背景下,重新认识及定义保险消费者。在2018年伊始就增长乏力的寿险业降速发展阶段,新时代下的保险消费者和之前相比是否发生了改变,的确值得我们关注。

首先,相对来说,保险消费者正在逐渐成熟。任何一个行业的发展,都是供给与需求良好匹配的结果,在中国历史悠久的文化传承中,沉淀了很多有关如何应对风险的智慧,我们并不缺风险意识,也有很多朴素的风险管理措施,比如储蓄。但作为一种市场化的风险管理手段,寿险在国内并没有经过一个循序渐进的、自然的发展历程,行业也缺乏对消费者的培育,甚至曾经在发展初期就大量推广复杂的投资连结保险,但消费者与供给方并没有共同成长,这也是一直以来部分消费者对保险多有误解的原因之一。

我们的很多生活用品都是从低级阶段逐步过渡到高级阶段的,例如手机,我们经历了从只有数字的BP机、有汉显的BP机、"大哥大"、按键式手机、无键盘手机,到现在的智能手机;从最初的很简单的功能,到现在五花八门的APP,每一个更新换代的产品出现,供给者都会通过各种形式进行市场培育。尽管有时候这种培育也不见得就立竿见影,消费者开始会认为有些功能没有必要而忽视,但这才是正常的节奏,人们接受一样事物,其需求被激发出来,或者需求和接受能够取得一致,需要一个过程。很多行业都经历了这个过程,先投入,逐渐地投入与回报变得平衡,前期看似没有实在的结果,但总体来说方向是向前的,为后续市场的良性发展奠定了基础。因此,二十余年来,消费者对手机类产品的认识连贯而立体,其他领域的产品也是类似的,很多服务或功能从免费试用到收费使用,就是一个很自然的培育过程,虽然诸如"性价比不高"这样的评价屡见不鲜,但很少有产品让消费者陷入"想买而又不敢买"这种警惕意识。幸而,"保险姓保"的理念及时有效地控制了这种供需双方发展的不对等,使很多寿险产品回到根本的保障功能,满足了消费者的多样化需求,间接进行了消费者教育,重塑了消费者对保险的信心。试想,市场上很多类型的消费品,都有不同价位不同档次可供选择,尽管低价位低档次的会在质量、功能、美观度等方面逊于高档商品,但在最基本的一两种核心功能上可能相差无几,依然可以满足众多收入有限群体的需求,那么保险又何来特殊之处呢?因此,纯保障型产品理应在市场上占有一定比例,消费者对纯保障型产品的热衷其实正是消费者相对成熟的表现,虽然还没有普遍建立起交费购买保障这样的理念,虽然有很多人还认为"交了保险费如果没出险保费还能退回才不亏",但他们终于从把保险等同于理财产品,转变为认识到了这种无形产品的核心功能。从产品复杂程度上来看,纯保障型产品更为初级,不能和"成熟"二字相关,这里的成熟是指回归保险的本质,更好地将风险和保险保障等同起来,这对于行业的发展非常重要。

其次,快速变化的环境更易于激发保险消费需求。如果说现在的消费群体和二十年前有什么区别的话,那就是他们的生活环境和内在特征已经发生了巨大改变。从外部环境来说,年轻一代在成长过程中目睹了近年来经济的飞速发展以及城市的大规模开发建设,他们更理解未来是充满不确定性的,是充满变化的,风险多种多样,层出不穷,越来越复杂,潜在损失的到来可能让人猝不及防,一次次的亲身经历或耳濡目染,使他们更有动力转移风险,也更为认可保险的价值。从内在特征来说,年轻群体是独生子女一代,他们有更独立的思考,更关注自身,当负面的不确定性来临时,无法像父辈那样有来自兄弟姐妹的帮助,因此他们有更强烈的寻求稳定客观保障的愿望。从这个角度来说,新环境中成长起来的一代消费者有更大的保险需求。

最后,信息社会为保险领域的供给者和消费者构建了桥梁。作为一种无形的服务,沟通渠道的建立是传统消费环境下保险所面临的最大挑战,也是巨大的成本所在。而随着信息社会的到来以及互联网的普及,行业有了非常得力的消费者培育的平台,消费者也有了更为便捷的主动购买机会,这有利于供需的匹配,有利于减少消费者的非理性选择。但我们也应认识到,这既不会颠覆传统销售模式,也不是传统销售模式的补充,二者之间更像一种并列。毕竟保险产品有不同级别之分,复杂的产品更适合个性化的咨询。信息社会无意中给保险业带来的这一渠道,对供需双方来说都是很好的机遇,消费者可以通过这一桥梁更频繁地接触与了解保险的信息,保险公司也有机会大幅降低简单产品的销售成本。当然,对于保险公司来说,如何抓住这一机遇值得探讨,思考如何建立新的产品研发和销售模式,如何运营消费者关系,是关乎企业生存与发展的大事。

保险业助力中国民营经济健康发展

朱南军

2019-03-05

当前,我国民营经济和民营企业在经营与发展过程中遇到不少困难和问题。这些困难和问题的成因既有国际因素,又有国内因素;既有外部政策环境和行业环境的变化,又有企业自身转型升级的瓶颈。国际经济环境"变中有忧",保护主义、单边主义明显抬头,风险因素不断积累,贸易战给我国企业尤其是一些出口导向型的民营企业带来了很大的困难。从国内的经济社会环境看,近几年宏观经济的下行压力加大,GDP 增速趋于放缓,市场需求的不足和人口老龄化带来的劳动力成本上升使得企业的生存发展面临挑战。从外部政策环境看，在防范化解金融风险和去杠杆的过程中，民营企业往往要比国有企业面临更为严峻的流动性困难，民营企业尤其是中小微企业融资难、融资贵的问题已不容忽视。在"营改增"和完善社保缴费征收过程中，部分民营企业存在税负增加和适应征管机制变化的转换成本，度过了一段调整的阵痛期。从行业环境来看，随着供给侧结构性改革的不断深入，经济结构的优化和消费结构的升级对企业的产品供给质量提出了更高要求，必然会给企业带来更加强烈的行业竞争压力和调整转型压力。在民营经济和民营企业的发展面临严峻挑战的背景下，探讨保险业如何服务民营经济和民营企业发展具有重要现实意义。在服务民营经济和民营企业上，保险业将在以下几个方面发挥更加重要的作用：

一是充分发挥保险的风险管理功能，为民营企业提供全周期的风险保障。随着经济的高速发展，我国企业的规模越来越大，面临的风险也越来越复杂，待问题真正出现时再去解决，企业往往已经难以控制损失，因此，越来越多的企业开始注重风险管理。其中，保险作为一种最常见的风险管理策略，通过风险共担的机制达到损失补偿与风险控制的统一。保险机制的引入，帮助投保企业积极开展风险评估、防灾防损工作，建立系统化风险控制体系，树立风险管理意识，有效保障了企业正常业务的运行。以近年来的热点——食品安全责任保险为例，食品企业投保后其部分责任分散至保险公司，保险人为了自身的利益必然会对食品公司的生产经营严加监管，投保时通过对企业进行风险评估，要求企业对不合卫生条件部分整改，保证食品公司产品安全质量;合同生效后保险人也会不定期对投保人进行抽查,督促其按照合同条约进行安全管理;安全事故发生后,保险公司也要经过查验、审核、定则等程序才能确定能够赔付的额度,从而通过这种事前的干预来减少风险发生的可能性。

二是充分发挥保险资金投融资功能,着力解决民营企业融资难、融资贵的难题。融资难、融资贵是民营企业和中小微企业最头疼的一个问题。保险业可以通过信用保险和贷款保障保险为民营企业尤其是中小微企业提供增信服务,从而为它们获得贷款提供保障。随着金融市场的创新与发展,保险企业已从过去单纯的承保理赔机构变成了集补偿与投融资功能于一体的综合性金融企业,保险资金的投资收益不但成为保险企业弥补承保业务损失、增强资本实力和赔付能力的重要渠道,也为投保企业募集资本、建立合理的治理结构提供有力的支持。随着资本市场及保险市场的日益成熟和投资渠道的不断拓展,保险投融资的作用将得到进一步发挥,这对企业治理结构的调整将起到更加显著的作用。

三是充分发挥保险的社会管理功能,化解民营企业运行和改革过程中产生的矛盾。2014年国务院发布《国务院关于加快发展现代保险服务业的若干意见》(国发〔2014〕29号)指出,要通过发展保险业来完善多层次的社会保障体系和社会治理体系,进一步肯定了保险业在社会管理方面的重要意义。由于民营企业运行过程中往往有更高的一些风险暴露,诸如雇主责任险、盗窃险、员工家庭财产险等产品对于保障企业的稳健运行起到了很重要的作用。在近些年的保险实践中,一些保险公司为中小企业打造了专属的保险产品,既为它们提供了充分的保障,又显著提高了投保和理赔的灵活度,同时还能根据小微企业的特殊情况灵活调整费率,大大降低了中小微企业的保费负担。另外,近年来经济增速的放缓、产业结构的调整和企业自身的改革也产生了劳动力就业的结构性矛盾。企业为改善盈利水平,常常面临劳动力岗位调换和就业结构调整。在此过程中,下岗职工养老、医疗、住房等大量费用均由原企业承担,导致企业成本提高,难以同新生企业竞争。保险作为社会保障体系中不可或缺的重要组成部分,可为职工岗位转换及失业等长期困扰我国企业改革与发展的难题提供新的解决思路与视角。

四是促进中小企业走出去,积极应对贸易战的挑战,增强国际竞争力。当前,中小企业实现跨越式发展面临的很重要也很困难的一步就是如何走出国门,已经走出国门的企业又面临贸易战的不利影响。保险机构对此可以发挥重要作用。首先,出口信用保险机构通过与国外合作伙伴建立的信息网络,为参保企业提供进口国国情及进口商资信评估,有利于出口企业了解买方信用情况,提高风险管理水平。其次,出口信用保险应得到国家财政上的直接支持,通过建立风险准备金,承保一般商业保险难以承担的信用风险,在发生信用风险时,为参保企业提供资金补偿,以保证其正常运作。在出口信用保险的承保过程中,通过调控限额和费率两个支点,加大对自主品牌、自主知识产权和高附加值、高科技产品的支持力度,使得那些真正掌握科技创新的企业获得竞争优势,为创新型民营企业的"出海"保驾护航。

习近平总书记指出,在全面建成小康社会进而全面建设社会主义现代化国家的新征程中,我国民营经济只能壮大,不能弱化;不仅不能"离场",而且要走向更加广阔的舞台。在这个历史进程中,中国保险业将充分发挥自身功能,进一步助力民营经济与民营企业的健康发展。

保险中介的严监管时代

刘淑彦

2019-05-28

银保监会自成立一年多来，以防范和化解金融风险为目标，出台了一系列文件，规范市场行为，强化从严监管态势，整顿市场乱象。作为保险市场的一部分，保险中介市场近年来更是焦点频出、乱象集中，例如保险中介机构编制或者提供虚假的报告、报表、文件和资料，虚挂虚增有名无实的中介人员以虚增成本和支出，部分机构甚至在未取得相应许可证的情况下，从事保险经纪业务。比如，2019年5月6日，浙江银保监局开出罚单，杭州心有灵犀互联网金融股份有限公司因未取得经营保险经纪业务许可证却从事保险经纪业务，被处以122万元的罚款。

事实上，从2006年开始，每隔几年，保监会都会对保险中介进行规范治理，打击以保险中介为幌子实际上套取费用的违法行为，引导鼓励保险中介的健康发展。但2016年保险中介许可放开以及保险公司牌照审批的收紧，使得保险中介成为各路资本进军保险业的重要通道，包括互联网巨头以及传统大型汽车企业等，也相应引起了监管机构的额外关注。

2019年以来，对保险中介的严监管更是迎来一个新高度，主要有以下三方面的表现：第一，从罚单数量来看，保险中介收到的罚单在监管机构发出罚单中占比相对较高。2019年第一季度，各地银保监局陆续开出近200张罚单，其中一半均针对保险中介，包括保险专业代理机构、保险公估机构和互联网等，涉及处罚内容包括聘用不具备任职资格的高管、给予投保人或被保险人合同约定以外利益和编制或者提供虚假的报告、报表、文件和资料。第二，从惩罚力度来看，监管机构开出的罚单金额也陡然增加。虽然保险中介以往的违规行为也屡见不鲜，但罚单金额大多数都不超过10万元，高达几十万元的罚单更是少见，这也与保险中介机构业务规模相对于保险公司较小，利润及保费也较低的特点相一致。但仅2019年1月，就有8家保险中介被罚金额超过30万元，最高近100万元，相比往年惩罚力度明显上升。从罚金累计来看，2019年第一季度，针对保险中介的罚金累计近1400万元，均高于针对人身险公司和财产险公司的罚金数量。第三，从银保监会的相关文件来看，针对保险中介的相关规定和文件也明显增多。仅仅几个月内银保监会针对强化保险中介的合规经营,已持续下发多份文件,包括《中国银保监会办公厅关于加强保险公司中介渠道业务管理的通知》(银保监办发〔2019〕19号)、《商业银行代理保险业务管理办法(征求意见稿)》《关于开展保险专业中介机构从业人员执业登记数据清核工作的通知》(银保监办发〔2019〕56号)、《关于开展保险公司销售从业人员执业登记数据清核工作的通知》(银保监办发〔2019〕71号)、《2019年保险中介市场乱象整治工作方案》(银保监办发〔2019〕90号)。

近年来,国内外一直有"去中介化"的讨论,但不可否认保险中介对保险业的发展有着一定的促进作用。首先,保险中介使得保险业的内部分工更为合理,保险中介可以用其在销售领域的专业技能,为保险公司提供稳定足够的客户来源以及专业的服务平台,而保险公司则因此可以将其资源集中于保险产品的开发及保险资金的合理运用上,为被保险人提供更加全面、合理且稳定的保障。其次,保险中介在数据信息收集和管理上具有较强的专业能力,可以更为合理地收集和整理客户需求等数据,并为保险公司开发保险产品、完善服务提供更好的数据来源。因此,尽管有"去中介化"的讨论,近年保险中介仍呈现迅速发展的趋势。从全球范围看,全球保险代理行业的市场规模在2010—2017年,从605亿美元增长到1019亿美元,增长速度达到7.7%;同时保险经纪市场和保险公估市场的增长速度也分别达到6.6%和6.4%。

不过,相比于成熟保险市场,我国保险中介仍处在初级发展阶段。在英美等成熟市场,保险专业中介已有数百年的发展历史,发展至今已经相当成熟,并成为保费收入的重要来源,保险中介在美国财险中占比往往也在60%左右;在英国,单独保险经纪渠道一项,其保费收入在总保费收入中所占的比例也往往能达到60%以上。我国保险中介行业起步较晚,2018年保险专业中介渠道实现保费收入约4 900亿元,仅占全国保费收入的13%,远远低于保险代理人以及兼业代理人两个渠道的保费收入。但随着这两年我国中介市场的迅速发展,保险中介市场也初具规模。根据《中国保险年鉴2018》,从保险中介机构的数据量来看,2017年共有全国性保险代理机构234家,区域性保险代理机构1 550家,保险经纪机构487家,保险公估机构325家,保险中介集团公司5家。

我国的保险中介市场虽然初具规模,但仍处在初级发展阶段,加之近年来发展迅速,难免会出现一系列问题,因此需要不断地通过各种监管措施来引领其发展,提高其运行效率,使其对保险行业的发展真正发挥促进作用。此前虽然有针对保险中介机构的相关法律规定,例如《保险专业代理机构监管规定》《保险经纪机构监管规定》《保险公估机构监管规定》等,但其内容多限于原则层面的规定,对从业人员制度等实际操作问题的规定并不详细,可操作性较差。近期银保监会发布的一系列文件正是对这些不足的一个有效弥补,有助于保险中介市场的健康发展。

税延养老险试点一年有感

陈 凯

2019-06-18

自 2018 年 4 月财政部等五部委发布《关于开展个人税收递延型商业养老保险试点的通知》(财税〔2018〕22 号)至今,我国养老保险体系第三层次的个人养老保险经过了一年的试点。在这一年中,上海市、福建省(含厦门市)和苏州工业园区的投保人可在购买个人养老保险时每月最高享受保费税前抵扣 1000 元的福利。但是,这一年的试点结果却不尽如人意。根据业内交流数据显示,截至 2019 年 2 月底,共有 16 家保险公司开展个人税收递延型商业养老保险(以下简称"税延养老险")业务,累计保费略超9900万元,累计承保件数为4.2万件左右。尽管业界专家和学者对此政策寄予很大的期望,但市场效果与政策预期相差甚远,让人对税延养老险的发展前景产生了疑问:究竟我国的"多层次"养老保险体系该如何发展?第三层次的个人养老险路在何方?

笔者认为税延养老险试点这一年的成绩还是值得肯定的,但同时也还存在很多问题,但首先,个人养老险试点的意义十分重要。在经历了十多年的研究和探索后,我国终于在2018年开始试点第三层次个人养老保险产品。这对于我国"多层次"养老保险体系的构建是尤为重要的。长期以来,我国居民一直严重依赖第一层次的社会基本养老保险,这给基本养老基金管理和投资带来了很大的压力。政府管理者一方面要保证基本养老基金的安全性,另一方面又要提高基金的收益率。这使得政府在进行基本养老保险的改革时捉襟见肘,无法有效应对日渐严重的老龄化趋势,产生了非常严重的基金缺口。而这次建立的第三层次个人养老险,可以在接下来的几年内为基本养老保险的改革提供一个过渡,对完善我国的养老保险体系有着深远的意义。但是显然税收优惠力度尚有不足。2018年税延养老险政策出台时,我国的个税新政策也已经开始实施,2019年年初个税又增加了很多新的附加扣除项目。这使得购买税延养老险的潜在客户群在不断缩减。而对高收入人群而言,每月1000元的税前列支额度显然不具有吸引力。这也是造成第一年销售遇冷的主要原因。接下来需要尽可能地提高税收的优惠力度,让更多人参与进来,扩大产品覆盖人群。此外,产品选择仍然不尽如人意。在第一年的试点中,个人养老险以商业养老保险产品形式推出（养老目标基金等产品将会在试点结束后加入第三层次的产品范围内），分成了 A、B、C 三类产品，即收益确定型、收益保底型和收益浮动型。目前看累计保费实现最高的是收益保底型的按月结算产品。这说明养老保险消费者在选择产品时还是以保障为主要目标的。未来需要给消费者更多的投资选择，增加个人养老险产品的异质性，满足不同需求的消费者。

基于上述问题，笔者认为接下来发展税延养老险应该注意以下三个方向的调整。第一，加大开放市场。在第一年的试点中，个人养老险产品都是以商业养老保险产品的形式推出的。经销方也为保险公司或养老保险公司。这在一定程度上限制了个人养老险市场的发展。保险公司或养老保险公司的主要优势在于对长寿风险和死亡风险的管理以及保险精算的专业技术水平。而在养老资产的累积阶段，一些基金公司则更有优势。2018 年 2 月，证监会已经发布了《养老目标证券投资基金指引（试行）》（证监会公告〔2018〕2 号）。养老目标证券投资基金可以说是基金业协会专为第三层次个人养老险而准备的产品。它的主要目标是追求养老资产的长期稳健增值。在资产配置策略上针对了长期投资的目标，鼓励投资人长期持有，可以合理地控制投资组合波动风险。很多国家都有类似的养老投资产品。我国的第三层次的个人养老险计划在一年试点后将此类基金加入到产品范围内，但目前还没有确定的消息。相信未来个人养老险会进一步放开市场，充分利用资本市场的能力来吸引消费者进行长期养老投资。第二，提高税收优惠标准。从国际经验来看，税收政策和第三层次的个人养老险具有很密切的关系。通过具有吸引力的税收政策，可以让个人更愿意用税前的收入来为自己未来的养老进行储蓄。但在我国目前的税收制度下，应税人群有限，税延养老险能惠及的人群规模和增长幅度其实并不会太大。未来需要结合我国的税收制度让更多的消费者参与到个人养老险之中，尤其是中等收入人群，都可以通过税延优惠的方式来帮助解决养老问题。第三，建立个人账户制度。个人账户制是目前中国很多学者和专家都比较推崇的个人养老险发展方向。诸如美国、加拿大、日本等很多国家的第三层次个人养老险都不约而同地选择了个人账户制度。目前的产品制个人养老险的管理成本比较高，基金管理人需要采用一套投资策略来应对多种类型消费者的投资需求。这势必会造成投资选择方向受限，从而错失更好的收益机会，降低个体的效用。而反观个人账户制度具有非常灵活的特点，账户资产可以不受持有人工作单位和地点变化的影响。同时，个人账户内的资产可以交由持有人自行管理，赋予个人更多的投资选择权，有助于提升资金管理的效率。

综合来看，虽然税延养老险试点一年的绝对业绩并不是很令人满意，但无论是政策的初衷还是公司的参与度都是积极的。如今试点期一年已满，监管部门需要总结这一年的问题和经验，并尽快制定下一阶段的发展策略和目标，通过扩大试点范围、放宽投资渠道、增加税收优惠激励等方法，吸引更多的消费者参与到个人养老险的投资中来，从而完善我国的多层次养老保险体系。

依靠人工智能拓展保险科技创新边界

韩 笑

2019-06-25

随着科学技术水平的不断提高,大数据、互联网、人工智能等高新技术的广泛应用为传统保险行业带来了新的发展机遇。近年来,保险公司纷纷加大了对人工智能技术的研发投入,在产品设计、精算、客服、核保、销售、理赔、咨询等多个环节取得了丰硕的成果。

一、人工智能技术在保险行业的应用

人工智能技术使用海量数据对算法模型进行训练,能够充分使用数据特征描绘客户画像,帮助保险公司进行智能决策;而对于保险公司来说,大量的保单数据与人工智能技术的大数据特征十分契合。目前,人工智能技术在保险行业全产业链的方方面面都有所应用,具体而言主要分为以下几个环节:

（一）产品设计环节

利用人工智能技术深度学习神经网络,通过对定价模型的反复训练以主动识别和量化风险,实现对保险产品的精准定价。目前,这一技术在车险应用中较为广泛。通过对车主及其车辆信息进行联合分析,保险公司可以更高效、便捷地设计个性化保险产品,实现"从人＋从车"的精准定价原则。此外,以往农牧保险的一个难点是核实猪、牛、羊等动物的身份较为困难,而现在通过"猪脸识别"等智能识别技术,保险公司可以远程对牲畜从生到死的整个过程进行监控,大大扩展了保险公司的可保范围和险种类别,克服了传统产品的设计缺陷。

（二）销售环节

通过建设大数据信息交流平台,保险消费者可以在线进行智能比价,挑选最适合自己的保险产品。从学理上讲,这不仅能够提高消费者的效用水平,减少搜寻成本,增加消费者剩余,最大限度满足消费者的风险保障需求,同时"客户画像"等技术也可以降低保险公司的销售成本,在一定程度上减少信息不对称带来的福利损失,实现精准营销。

（三）承保环节

利用认知计算和专家系统等技术,保险公司能够向客户提供定制化、差异化的承保方案,同时智能核保机器人将结合用户的历史出险理赔等信息模拟核保专员的推理判断过程,对消费者的信用状况进行精准评级，大大降低了保险公司的人力成本。实现智能承保和核保，也为绿色环保的"无纸化"承保提供了基础。

（四）理赔环节

保险理赔流程复杂、烦琐的特性始终是保险行业亟待解决的难点问题之一，而智能录入系统大大节省了保险公司的机械工作，图像识别、计算机视觉系统、语言识别等技术通过预测数据模型、分析数据平台，能够实现自动化的定损和理算，提高理赔的效率和准确度，缩短理赔处理时间，同时起到一定的反欺诈作用。

（五）客服环节

人工智能技术的一大特点就是能够替代简单重复性的枯燥劳动，同时满足客户的个性化需求。智能语音客服、智能机器人、智能服务质检和在线身份核实系统在处理客户咨询、改善客服水平方面有极大的优势。通过对常见咨询问题的分类，虚拟客服能够准确识别并进一步挖掘客户的咨询需求，从而帮助客户快速解决问题。同时，优质的智能客服可以增加人机之间的趣味互动，识别和学习用户习惯，为保险公司树立品牌效应。

（六）风控环节

保险公司能够利用数据挖掘、图像识别、生物特征识别等技术建立反欺诈算法模型，自动鉴别高风险案件和消费者，识别潜在的欺诈风险，准确发现重复及伪造的索赔材料并自动进行拒赔。通过对保险消费者的信用等级和风险偏好进行智能评定，可以有效防范信用风险和事故风险。

二、保险行业人工智能技术存在的问题

人工智能技术的广泛应用解决了传统保险行业长期以来存在的许多难点问题,但专业人才和复合型人才缺口大、算法技术不成熟、数据垄断严重等问题,制约了保险科技的进一步发展。同时,政府部门对人工智能等新技术的监管标准和主体仍不明确,相关法律法规较不完善,保险行业产品市场鱼龙混杂,"真智能"与"伪智能"难以区分,许多保险公司使用新的保险产品逃避监管。此外,大数据的使用对客户的信息安全造成了较大威胁,私人信息的泄露将会给保险消费者的日常生活带来极大的不便。此外,人工智能技术的使用将会带来较大的社会伦理问题。保险产品设计的初衷是为消费者面临的风险提供保障,然而过于精准的风险识别将一些高风险个体排除在保障范围之外,保险公司对这些群体的拒保行为违背了"保障"功能的初衷,难以满足客户的情感需求。

三、政策建议

针对上述问题,笔者认为应从政府和保险公司两个层面规范人工智能技术在保险行业的应用,为保险科技的持续发展蓄力。

(一)政府层面

针对目前监管主体和准则不明确的问题,大力完善相关监管体系、制定针对保险科技创新的法律法规迫在眉睫。此外,政府应继续为人工智能技术在金融、保险领域的应用提供政策支持,重视高新技术与保险行业的结合。同时,规范保险公司的数

据披露行为,保障消费者的信息安全;搭建完善的信息共享和数据支持网络,形成满足人工智能技术使用标准的数据闭环。

（二）保险公司层面

保险公司应充分认识到人工智能技术的广阔应用前景,大力引进专业型创新人才,加大对算法技术开发的经费投入。同时,保险公司应改变传统的营销策略,转变保险服务方式,切实考虑到社会大众的真实保障需求,将一般化的大众保险产品向个性化、零售化的创新保险产品方向转变,走差异化研发路线。此外,保险公司应加强行业自律,与其他金融、保险公司及互联网公司开展广泛深入的合作,携手走向互利共赢。

在保险科技日新月异的发展浪潮中,人工智能技术作为一颗冉冉升起的新星正在快速重塑着保险行业的全产业链,不断拓展保险行业科技创新的边界。然而,新技术在保险行业的应用是一把双刃剑,保险公司在迎来发展机遇期的同时也面临较大的挑战。只有牢牢把握科技创新的方向盘,重视人工智能技术的合理研发利用,才能抓住技术进步的红利,在促进保险行业高速、高质发展的同时,真正发挥保险作为经济"稳定器"和"助推器"的重要作用。

互联网保险公司估值问题浅见

陈 凯

2019-08-22

近期,中国平安等多家上市保险公司纷纷发布半年业绩,净利润(或预期净利润)均有大幅增长,尤其是业务收入有着较大幅度的上升,大大增强了投资者对未来中国保险行业发展的信心。同时,科创板的上市交易也让很多保险公司和保险科技型公司产生了上市的想法。这就引出了一个如何给保险公司估值,尤其是如何给互联网保险公司估值的问题。笔者想结合自己的一些前期研究来探讨一下我国互联网保险公司的估值问题。

早在2010年前后,我国的互联网保险行业逐渐兴起,并借助互联网金融的东风得到了飞速发展。2013年11月中国第一家互联网保险公司——众安保险在上海成立,刚刚拿到牌照的众安保险迅速推出了依托于淘宝平台的退货险。退货险这个在传统保险领域中甚至被认为是不可保的保险产品借助互联网的平台渠道被重新包装,产品一炮而红。随即,多家保险公司开始搭建自己的互联网保险平台,也加速利用互联网渠道进行传统保险产品的销售。从2011年到2013年,经营互联网保险业务的保险公司从28家迅速增加到76家。互联网保险公司通过将互联网和保险相关经济特质的高度融合,结合大数据、区块链及人工智能等前沿领域,满足了许多新兴场景中的新型保险需求。目前国内已经成立了多家互联网保险公司。奥纬咨询(Oliver Wyman)公司在2017年的报告中提到,保险科技市场空间2021年将达到人民币14 130亿元,复合年增长率为31.2%。其中产品创新预期以复合年增长率62.0%的水平高速增长,而网上销售及技术驱动的产品升级部分增速分别为26.1%及41.1%。2017年9月28日,作为互联网保险龙头的众安保险以每股59.7港元的发行价在香港证券交易所上市。资本市场对立足于保险科技的"互联网保险第一股"反响热烈,对互联网保险公司的估值方法也是众说纷纭。

互联网保险公司以保险业务为基础,借助互联网科技的力量来获得客户和进行运营,在估值方法上也有明显的行业特征。从互联网的角度来看,互联网经济的边际效用和传统行业存在明显的区别,互联网公司所具有的规模经济模式,使得提供信息产品的平均成本下降,而用户价值则会在不断的培育中逐渐提升,因此在互联网公司的后续发展中,边际效应会逐渐提升。同时互联网公司运营中的马太效应也会使更多资源向强者聚集。这些都会影响那些涉及互联网业务的公司的估值。根据互联网公司的特征及其商业模式,其估值模型一般会立足于公司的未来增长、公司用户数据和其用户价值。传统的 EVA 估值模型过于注重一定时期内公司经济价值的增长,并不适合当前的互联网公司。互联网公司的估值要更多地依赖基于用户数量和用户价值的估值模型。从保险公司的角度来看,作为一个百年产业,传统保险公司的估值模型已经非常成熟了。财产险公司多综合使用 ROE 与 P/B 来进行估值,而寿险公司则需要计算内含价值(embedded value)。

因此,在考虑互联网保险公司的估值时,既要考虑保险业务的特有性质和发展趋势,也要考虑在互联网渠道下用户的数量和价值影响。由于互联网保险公司的保险业务多依赖于互联网渠道,其主营业务可以分为互联网保险业务和保险科技业务。互联网保险业务部分的业务估值不必采取传统的保险企业估值方法,而应采用互联网企业估值方法,通过将互联网保险业务的细致拆分,可以将其业务分为五个维度进行评估,包括账户价值、数据技术、商业延展、IT 实力和金融能力。其中,账户价值可以根据数据分析获得用户画像,分析用户身份,估计潜在价值;数据技术是公司在互联网业务中的核心能力;商业延展用于判断公司互联网保险业务未来的发展方向和趋势;IT 实力包括后台开发、网站搭建等硬件问题;金融能力则是考虑公司在金融产品开发、保费再投资和风控等方面的专业金融水平。除互联网业务外,保险科技业务也是互联网保险公司有别于传统保险公司的一块。这方面估值的对标对象往往不是保险公司，而是一些金融科技公司。因此，可以采用业内比较常见的可比公司估值法，通过将保险科技业务的相关业务参数与大型的上市或非上市的金融科技公司进行比较，通过参数对比进行可比公司估值，得出保险科技业务估值水平。在得出两部分估值水平之后，将其加总并考虑股东溢价、业务协同等因素，最终可以得出整个公司的估值水平。

在实践中上述分析具有一定的可操作性。以 2017 年在香港上市的众安保险为例，我们不难发现其主要的业务模块就是互联网保险业务和保险科技业务。通过自身的技术革新及创新的商业模式，在其发展初期将保险产品创新性地植入了碎片化的社会经济场景，并在积累了一定的用户数据后进行发展转型，为客户提供更加精准的保险产品及更好的保险使用体验。这也使得众安保险获得了较高的估值并成功上市。当然，其上市后的股票价格一路走低，也说明互联网保险公司的估值模型还有很多不成熟的地方。在既有估值模型的基础上，如何更合理地进行估值参数的选择，以及对未来业务发展趋势的判断都需要进一步探讨。

随着我国资本环境的放开，越来越多的互联网保险公司会通过资本市场寻求更多的融资。例如泰康在线、安心财险、易安财险等一些近年来新成立的互联网保险公司，也许在未来都会面临上市估值的问题。由于互联网技术的更新迭代速度非常快，互联网保险公司的估值水平也可能会因为多方面的因素而有较大的波动水平。在实践操作中，合理运用并探寻一种合意的互联网保险公司估值模型对于各类型投资者都是十分必要的。

如何看待互联网平台兼业卖保险？

锁凌燕

2019-08-27

日前，国务院办公厅印发《关于促进平台经济规范健康发展的指导意见》（国办发〔2019〕38号，以下简称"指导意见"），其中明确表示，"允许有实力有条件的互联网平台申请保险兼业代理资质"。简短的一句话，引发了市场对于保险中介未来发展的新一轮猜想与讨论。有人认为，指导意见践行之后，互联网平台将会携巨大的流量入口优势，对传统中介形成冲击；有人指出，互联网平台的进入将会进一步激活供给侧，降低企业运营成本；也有人强调，"有实力有条件"定义未清,但准入门槛势必提高。市场讨论的背后,是对保险中介发展模式的关注,是各方利益相关者在技术变革背景下的期待与思考。

事实上,在指导意见颁布之前,百度、阿里巴巴、腾讯等互联网企业已经通过获取专业保险代理牌照的方式,聚首保险中介市场。过去一段时期的市场实践也表明,互联网平台不仅是具有特殊优势的销售渠道,还有望提升保险市场的普惠性及运行效率。

首先,互联网平台构建的网络,本身就是中介竞争的致胜关键。中国保险中介的形态一直在随着时代的变迁不断演进,到目前已经形成了专业代理和兼业代理并存的格局,不同中介渠道之间存在充分的竞争,可谓不革新即淘汰;其中兼业代理一直以银行等金融机构及行业机构(如汽车销售商、旅行社等)为主,各类兼业代理机构利用其强大的销售网络和客户群体,提供场景式的保险销售服务,这也显露出中国保险中介竞争是以"客户为王"的。互联网平台在客户资源方面具有"先天"优势。互联网平台经济自兴起以来,就清晰明了地体现出其"＋"模式的思维:以比价、信息透明为杠杆,以优惠及补贴为手段,吸引海量用户在平台进行交易,进而在解决用户痛点的同时,控制了商品与服务供给方接触顾客的入口,这就意味着平台能以很低的边际成本提供消费场景下的保险触达,甚至能够触及传统渠道难以有效耕耘的长尾市场。

其次,互联网平台在新时代消费市场中的重要性,使其具有了特殊的"助推"(nudge)功能。所谓助推,简单说来就是在不使用经济激励,又保留选择的自由的情况下影响消费者行为。例如,互联网平台可以在向消费者提供产品相关信息,特别是在相应的消费场景中内嵌配套的保险产品信息时,将购买途径与平台使用的支付手段融合在一起,从而让保险产品更容易被选择和购买。特别的是,互联网平台在中国还兼具"情感助推"功能。在过去的发展中,保险中介暴露出的销售误导等短期性行为,在很大程度上影响了保险业的专业形象和在大众心目中的诚信印象;而互联网平台特别是其中的佼佼者,因为其交易透明可监督的商业模式设计,大多以"专业""可信赖"的形象在竞争中脱颖而出。在这样的平台上搭载保险产品,事实上可以借助其商誉影响消费者的感受,鼓励其购买。

最后,互联网平台沉淀的数据,成为其构建比较优势的特殊"法门"。从理论上讲,中介之所以会存在,是因为它们可以发挥专业化分工优势,缓解保险市场中充斥的复杂的信息不对称问题,继而衍生出信息交换功能及交易撮合功能,成为保险营销的中坚力量。互联网平台在提供交易便利的同时,得以沉淀巨量的、多维度的用户使用习惯和行为数据,而这些数据可以更有效地改善信息不对称的局面,有助于进一步为客户"画像"、评估其需求与风险,不仅可以提高营销的精准度,还可以进一步改善定价、核保乃至理赔的效率,甚至有条件为客户提供更为全面的延伸服务、提高客户满意度。也是从这个意义上讲,互联网平台对于优化资源配置、提升行业发展质量、拓展消费市场都有重要的积极作用。

总体来说,平台经济所特有的"网络—数据"闭环,是其他兼业代理难以复制的优势。但值得关注的是,如果我们进一步观察发达经济体的互联网平台巨头,例如谷歌、亚马逊、脸书等,它们在金融领域都有布局,但业务大都集中在第三方支付和信贷方面,鲜少涉足保险;谷歌在2012年起陆续在英国和美国上线车险比价平台——Google Compare,也积极在各监管辖区获取代理牌照,但最后却因为"流量未及预期"在2016年关停。Google Compare的商业逻辑似乎是很合理的:谷歌地图是英美等国使用最为广泛的地图服务,因其良好的用户体验和杰出的导航服务,赢得了用户的一致好评,同时谷歌还是自动驾驶汽车的领军者,从而很容易触达驾驶人员,并且可以方便地获取驾驶行为数据;比价平台技术先进,可以在5分钟内为消费者提供不同产品的详细对比,消费者可以做出更为明智的消费选择。因此,谷歌被认为可能会颠覆车险行业。但事实表明,这个比价平台没有能够吸引到足够多的、有实力的大公司,从而无法有效地吸引消费者,所以谷歌才选择"断舍离",转而将注意力集中到了竞价广告服务Adwords上去。可见,平台+保险的模式也有其短板。

一方面,互联网平台上的交易,强调智能、极速和便利,销售一些保险责任相对简单、价格相对适中、容易被消费者理解和接受的"短平快"保险产品更有优势。事实上,很多保险产品,特别是长期型的寿险产品专业性强,需要与消费者个性化的财务规划相搭配,在当前的人工智能发展水平下,互联网平台相对于传统专业中介的优势就不够突出了。可以说,互联网平台发挥"魅力"还需要适合的保险产品来配合。另一方面,在互联网平台上进行保险交易,依托的是跨界整合能力和数据科技能力,否则很容易被其他渠道所取代。如果只是将保险产品迁移在平台上售卖,无法为参与各方带来价值增值,也就失去了依托平台的意义。

谷歌选择的车险产品,虽然发展相对成熟、消费者接受度较高,但其需要涉及异质性的车险服务,"价格优先"并不是其消费的核心指导原则,平台比价模式的适应度相对有限;此外,谷歌平台收集了大量数据,在理论上可以帮助保险公司优化产品,甚至改进车联网产品,但保险公司也发现,由于数据不掌握在自己手中,与谷歌的合作很可能会培育出一个新的竞争对手,所以它们的态度并不积极。出现这种局面,与 Google Compare 的高层缺乏保险行业工作经验不无关系。

因此,我们对于互联网平台加入兼业代理队伍应有更为理性的判断:互联网平台会成为保险中介的生力军,但要充分发挥平台力量、提高保险业经营效率、真正造福消费者,必须利用好其特有的"网络—数据"闭环,为参与各方带来价值提升。这项工作处在互联网和保险的交叉路口,想要成功,就必须对两者都有所了解。

深化商业养老保险供给侧改革，推动税延养老险减税扩围

韩笑

2019-11-01

2018年4月，财政部、国家税务总局、人力资源和社会保障部、银保监会和证监会联合发布的《关于开展个人税收递延型商业养老保险试点的通知》(财税〔2018〕22号)决定，自2018年5月1日起，在上海市、福建省（含厦门市）和苏州工业园区实施个人税收递延型商业养老保险（以下简称"税延养老险"）试点，试点期限暂定一年。目前，试点政策实施已一年半，试点产品销售遇冷、试点效果不尽如人意、试点推广计划未明确部署等问题再次激起了人们对税延养

老险产品的广泛讨论。深化商业养老保险供给侧改革、推动税延养老险减税扩围成为摆在政策制定者、保险公司和消费者面前的重要议题。

在人口老龄化不断加深和基本养老保险可持续性受到挑战的大背景下,税延养老险政策的制定初衷在于使用税收优惠政策撬动更多个人和家庭的养老资源,帮助人们积极进行养老储蓄。然而政策实施以来,税延养老险产品无论在设计理念还是在具体实施方面,都受到了不同程度的制约。

首先,在设计理念方面,政策规定试点地区个人购买税延养老险的支出在当月收入的6%和1 000元孰低的限额内进行税前扣除,待领取时再征收个人所得税。目前,我国个人所得税制覆盖的纳税主体人数较少,税延限额的计算复杂、税延额度低等问题都抬高了投保的门槛,限制了政策的激励效果。此外,个人在领取税延养老保险金时,25%部分予以免税,75%部分按照10%税率缴纳个税,相当于领取时实际缴纳税率为7.5%。然而,在个税制度改革之后,个税起征点提高至5 000元,这导致许多原本适用10%个税税率的工薪阶层在专项附加扣除后适用的税率降低,有的低至3%,甚至不需纳税,大大低于领取期的7.5%。较高的领取期税率降低了投保人的预期,使能够通过税延养老险获得实惠的人群减少。目前,税延养老险产品的购买主体为适用较高税率的中高收入人群,个税制度安排的不匹配是纳税人投保积极性较低的重要原因之一。

其次,一方面,在具体实施时,保险公司销售人员能够从税延养老险产品中获得的销售费用较低,政策对佣金率的限制降低了保险公司的积极性和经营效率。税延养老险产品的专业人才相对匮乏,人才培训的滞后也限制了保险公司进一步扩大销售规模、降低销售成本。另一方面,充分的市场竞争往往是行业发展壮大、产品做大做强的重要保证。如果单从税延养老险产品积累期的金融属性来看,保险公司、基金公司、银行等机构都有销售经营此类产品的能力。目前税延养老险产品的经营主体仅限于保险公司,不充分的市场竞争也是税延养老险产品发展缓慢的一个原因。

针对上述问题,笔者认为深化商业养老保险供给侧改革、推动税延养老险减税扩围势在必行。

对政策制定者而言,在将税延养老险产品大范围推广之前,应适时调整对税收优惠程度和产品经营主体的相关政策规定。在税收优惠方面,税延养老险政策的调整应更多侧重于增加优惠力度,吸引更多的中低收入人群积极参与。例如,可以将6%的税前列支比例改为统一实施定额扣除,并提高税前列支的额度。这样的税收优惠政策能够缩小不同收入人群在税优产品中获利的差距,有利于提高政策的公平性、扩大受惠人群的范围。此外,在制度启动的初始阶段,可以对不同年龄段、不同收入水平的投保人采取差别税率,并应大幅降低目前领取期7.5%的个税税率。这不仅能够简化税延限额的计算、减少抵扣所需的凭证和手续,还可以扩大适用对象的范围,为销售遇冷的税延养老险注入一剂强心针。在经营主体方面,可以适当提高保险公司的直接佣金率,并将税延养老险产品的开发权和销售权扩展至银行、基金等行业,对这些机构的税延养老险业务部分实行税优政策。此外,政策制定者也应注重个税改革与第三支柱养老金政策的匹配性,建立跨部门决策机制,统筹考虑税延养老险政策与我国目前经济社会发展形势的适应性。

对产品经营主体而言,要加强人才培训,尽快形成完善的税延养老险产品销售模式,提高资金管理效率;搭建商业养老保险数据共享信息平台,使投保人能够便捷地在不同保险公司、不同商业养老保险产品之间进行转换。此外,保险公司要扩展线上和线下的销售渠道,结合最新的保险科技手段进行全方位、多层次的宣传和销售。

对消费者而言,应辩证认识"养儿防老"等受历史文化影响的传统养老模式,深刻认识我国发展多层次养老保险制度的必要性,主动了解我国不同层次养老保障体系的区别和联系、了解税延养老险产品的经营模式和优惠方式,提高维权意识和自我保护能力,理性选择适合自己的养老方式,更好地管理长寿风险,拥抱高质量的老年生活。

无论是与我国第一、第二支柱养老保险体系相比,还是与有丰富发展经验的美国个人退休账户制度相比,我国的税延养老险产品都还处在蹒跚学步的初级阶段。虽然试点实施一年半以来效果低于预期,但是该产品具有不可估量的发展前景和积极的社会意义。在税延养老险的推广过程中,"千磨万击还坚劲"的坚定信念和"风物长宜放眼量"的远见卓识缺一不可。只有深化商业养老保险供给侧改革、推动税延养老险减税扩围,才能加快中国特色社会主义商业养老保险的建设步伐,帮助人们更好地应对长寿风险和人口老龄化的严峻挑战。

品牌、金融品牌及其建设

孙祁祥

2019-11-22

前不久我受邀参加在北京举行的"第二届中国金融品牌年会暨中国金融年度品牌案例大赛颁奖典礼",由此对品牌及其建设问题做了一些粗浅的思考。

近些年来,随着经济的发展和人们生活水平的提高,品牌、品牌战略、品牌建设、品牌文化等越来越成为热词。我曾经说过:"语词是一种文化现象,更是一个社会某种特征的成像。"当"品牌"成为一个热词时,在很大程度上就凸显出这个社会对高品质生活追求的价值取向。

然而,对于什么是品牌,还是见仁见智。例如,百度百科对于品牌的解释是"消费者对产品及产品系列的认知程度"。坦率地讲,我不大认可这个定义。因为在互联网时代,借助各种传播手段,可以瞬时出现许多消费者认知程度很高的企业或者产品,但这并不妨碍它们"昙花一现",并且很快"销声匿迹"。

我所认为的"品牌"应当具有以下几个特点:

第一,品牌在市场上的知名度一般都是很高的,但短时间知名度很高的"名字"或者"牌子"并不一定是品牌。只有兼具高品位、高品质、持久的高知名度、高美誉度的商标或者产品才能称为品牌。

第二,品牌是企业的一种无形资产,品牌越好,其无形资产的价值就越大。而品牌不是一个企业或机构自己封的,它是消费者用"忠诚度"铸造出来的。通常来说,品牌企业具有竞争对手难以模仿的、不可替代的核心竞争力。正因为如此,它才能以超强的市场辨识度和超高的消费者认可度而赢得超强的产品溢价能力。

第三,品牌可以是世代传承的,但谁也不能保证品牌是永恒的。在现实中,我们可以看到许多历史悠久的品牌企业。可以说,任何一家品牌企业能代代相传,都经历过"九死一生"的考验。但即便如此,也没有人能够确保它们永远"长生不死"。麦肯锡在2001年做过一个调查后发现,1914年最早评选出的100强企业只剩下柯达、通用、福特、杜邦、宝洁等18家公司。而众所周知,柯达公司早些年前已经申请破产了。这说明,品牌的"准生证"并不是"死亡"的"豁免证"。

以上讲的是从一般意义上对品牌的理解和认知,但我们知道,金融商品与一般实物商品是有区别的,其中最大的不同就表现在金融产品的"物理特征"基本是"同质"的,例如银行卡、信用卡、存款、保单、股票、债券凭证等,随着互联网时代的到来,现在许多产品甚至都是无纸化的。那么,与"实物品牌商品"比较,金融品牌的建设又有什么特点和要求呢?

回答这个问题,首先需要搞清什么是金融。关于金融的定义有很多,我个人比较认可"金融是人们在不确定环境中对资金进行跨期配置的一种行为"的解释。人们可以看到的一个现象是,随着人类社会的发展和科技的进步,金融的内涵、功能也发生了很大的变化,特别是在信息社会。但我认为,不管时代背景怎么变,金融的本质特征和功能特性即"对资金进行跨期配置的一种行为"并没有发生根本改变。而且,金融作为现代经济的核心、灵魂和血液,在整个国民经济的健康可持续发展中的作用也越来越大。金融活,经济活;金融稳,经济稳;金融质量高,经济质量高。从这个意义上来说,金融品牌的建设对现代经济的发展具有十分重要的意义。

那么,应当如何加强金融品牌建设呢?我认为需要认真做好以下四个方面的事情:

首先,完善制度是根本。品牌是企业的实力、魅力和活力的外部综合呈现,它不是一朝一夕建成的,需要有良好的公司价值观、经营理念、治理架构、创新机制、管理团队、优秀员工等为其持续提供定力、动力和竞争力。

其次,诚信经营是基础。我一直认为,品牌的根基是商业信用。拥有"可视物理"特征的品牌是这样,以承诺性为核心特征的金融保险业就更是如此。没有消费者的信任,就没有商业品牌的建立。如果品牌拥有者"缺失"诚信、"缺席"责任,品牌将万劫不复。

再次,守正创新是关键。创新必须守正,必须尊重客观发展规律。在互联网等现代技术出现以后,新技术将"颠覆"某某行业的说法不绝于耳,保险业也不例外。但我一直认为,尽管新技术的出现给行业带来了挑战,但它既没有颠覆保险业的基石即"风险保障、损失分担",也没有动摇保险业的支柱即"可保风险""大数定理"和"最大诚信"。如果我们能清醒地认识"万变不离其宗"的道理,就能在保持定力的前提下,"以不变应万变",在创新中求发展,在创新中保持品牌的生命力。

最后,文化建设是保障。通常来说,品牌商品所呈现出来的"物理特性",都是由其独特的文化滋养出来的,也正因为有这种文化的积淀,才使得品牌的魅力能够愈久弥香。当然,文化建设是一个长期的过程。因此,它需要"常抓不懈",而不能"时有时无";需要"和风细雨",而不能"狂风暴雨"。

诺贝尔经济学奖获得者罗伯特·席勒教授在《金融与好的社会》(*Finance and Good Society*)一书中提出"金融体系是一项新发明,而塑造这一体系的过程还远未结束"。很幸运的是,我们身在金融领域的人现在都在参与塑造这一体系的过程。按照席勒教授所言,"只有细致入微地引导这个体系的发展,才能将其成功地引入未来,为我们创造一个更加公平、公正的世界"。何谓好的金融体系?我理解,它是由好的金融制度、好的公司、好的产品、好的服务、好的市场、好的监管者、好的消费者……所组成的。这需要各方面的共同努力,而品牌建设无疑是各种努力中最为关键的要素之一。

系统性风险,银行比保险业承受更多?

刘淑彦

2019-11-29

2017年年底,中央经济工作会议提出要"打好防范化解重大风险攻坚战,重点是防控金融风险"。党的十九大报告强调要健全金融监管体系,守住不发生系统性金融风险的底线。

加强对系统性风险的关注和监管干预原本主要针对银行业,但由于在2008年经济危机中美国国际集团(AIG)所扮演的角色,引发了学者和政策制定者对保险业系统性风险的关注,颠覆了"保险业不会产生系统性风险"的传统观念。

其实，系统性风险这一概念很早就有学者提出，但直到2008年金融危机后，它才受到人们的广泛关注。众多学者和政策制定者基于不同视角对系统性风险进行了定义，尽管各方对系统性风险的定义有差异，但还是对系统性风险应具有的特点达成了共识。一般认为，系统性风险应具有三个特征：宏观性、外部性和传染性。宏观性特征强调的是系统性风险不是各家金融机构风险的简单加总，而是基于全局视角的一种宏观风险；外部性特征强调单家金融机构遭受损失或市场极端事件的发生，会通过金融体系网络产生连锁反应，最终积累的风险由所有参与者共同承担；传染性特征强调系统性风险会通过多种途径最终传导到实体经济领域，对实体经济产生重大影响。

提到系统性风险，常常与之混淆的一个概念是投资学中的"系统风险"，后者是威廉·夏普（William Sharpe）于1964年提出的。它指的是无法通过投资组合进行分散的风险，也被称为剩余风险。与系统风险相对应的一个概念为非系统风险，指的是可以通过投资组合进行分散的风险。与系统性风险不同，系统风险和非系统风险都是微观维度上的风险，一般只会使投资主体受到影响、面临困境，而不会影响到其他投资主体；而系统性风险则是一种宏观维度上的风险，更多地强调金融机构之间的联系，单家金融机构倒闭或出现财务危机后，通过金融体系的关联网络传染到其他金融机构乃至整个金融市场，形成多米诺骨牌效应，导致诸多金融机构倒闭，甚至出现金融市场崩溃的状况。

相比传统的保险业，银行的业务特点确实决定了其更容易受到系统性风险的影响，或更容易引发系统性风险。一方面，相比保险行业,银行业通过存贷款这一核心业务,与实体经济建立了更为密切的联系。银行业的风险不仅会影响金融行业本身,还会导致众多存款者和投资者的利益受损,对整个实体经济产生影响。而传统的保险承保业务以财产或人身健康为标的,对实体经济的影响较小。而且保险公司往往持有大量的准备金以应对赔付,即使保险公司面临破产危机,也很难对整个实体经济产生大规模影响。另一方面,银行之间的相关性也高于保险公司之间的相关性。同业拆借市场是银行的重要融资渠道,这使得银行之间通过债权债务建立起了密切的联系,一旦一家银行发生财务问题,该风险就很容易从一家银行传播到其他银行,进而影响到整个银行业。而保险公司之间很少类似的有短期融资行为,其相关性低于银行之间的相关性。

然而,随着金融一体化和混业经营快速发展,保险市场和资本市场深度融合,保险公司新型保险产品和新型投资工具的出现,保险行业以保险风险为主、较少受到经济周期影响的优势不复存在。保险业受其他行业系统性风险波及的可能性大大提高,一些保险机构也可能成为系统性风险的源头。许多研究表明,当保险公司和银行在经营行为上过于相似时,保险公司也可能会产生系统性风险。一些非传统的经营活动也会增加保险公司的系统性风险。例如,AIG 对 2008 年金融危机的重要影响正是来源于其经营的信用违约互换(CDS)产品,而非其传统保险产品。

因此,保险业也需要重视系统性金融风险的防范工作,针对保险业存在系统性风险的原因,防范工作可以从以下三个方面着手进行:第一,保险、银行、证券等混业经营的发展是保险行业面临系统性风险的一个重要原因,因此防范系统性风险的一个重要着手点是,发挥全国金融稳定发展委员会的作用,加强宏观审慎监管,加强保险监管部门与其他监管机构的合作协调,建立覆盖各个层级和信息系统的交流机制和平台,及时有效地识别集团内跨行业的内部交易行为。第二,加强对系统重要性公司的监管,系统重要性公司规模较大且与金融系统其他机构的联系较强,相对而言系统性风险更高,因此需要监管部门给予更多关注。第三,保险公司创新性的非传统业务是其系统性风险的重要来源,因此防范系统性风险需要加强对保险公司非传统保险产品和新型投资资产的监管,加强对这类产品和业务的风险监测,规范相关产品业务的经营,例如创新型的信用保险保障产品和另类投资工具等。

人工智能与车险理赔风险控制

朱南军

2019-12-20

保险欺诈行为一直是保险理赔风险控制的重要内容,而车险欺诈是保险欺诈的高发领域,在保险欺诈案件中占比近70%。而在车险理赔中,小额案件占比超过70%,平均支付周期仍需11天左右,保险公司基于成本控制和客户服务的考量,期望对于大量的小额案件,能够快速出险、快速结案,以减少人力投入。但是车险领域欺诈案件高发,部分用户法制观念淡薄,甚至觉得保险机构的钱不赚白不赚,这样就导致了在正常理赔的案件中充斥着大量欺诈案件。

平衡快速理赔的时间需求与保险公司的反欺诈风控要求，就需要技术的突破与创新，为保险机构提供有效的解决方案。

目前保险公司使用的理赔风控技术，主要有规则引擎和统计模型两种。规则引擎是利用业务专家的理赔调查经验，编写具体的规则条件。优势是技术成熟，处理速度快，只要追加规则即可实现处理能力扩展；劣势是需要大量的专家编写并不断更新规则，上千条规则才能完整覆盖欺诈风险。统计模型则是对历史案件的特征进行数值分析，并用统计方法构建反欺诈模型。优势是技术成熟，构造简单快速；劣势则是由于采用传统的数理统计方法对数据处理能力有限、精准度偏低，在应用过程中会造成大量审核和调查人力的浪费。

人工智能车险理赔风控技术，是将深度学习作为核心技术的新一代人工智能风控方法，相较保险机构传统的反欺诈技术，是一个重要的突破。深度学习技术得益于其复杂模型的构建能力，能够处理更高维度的数据，挖掘更复杂的数据关联关系。在车险风控中，深度学习能够选择更多、更有效字段构建车险风控模型，更精准地区分正常及欺诈案件。随着技术的发展，人工智能技术在图像分类及自然语言处理上取得了重大突破，能够充分挖掘图片及文本中案件的细节，为车险风控模型更精准地区分正常案件及欺诈案件提供有效帮助。从目前市场中的一些实践来看，人工智能反欺诈技术精准度远高于传统技术方案，并且还有很大的提升空间。可以确定，人工智能反欺诈将是未来反欺诈技术的重要发展方向。

人工智能技术自诞生以来，历经六十余年的发展，一直探索技术方向和应用。2006年深度学习技术的诞生将人工智能技术推向了新的阶段。深度学习技术是对人类神经系统的模仿,将信息的处理分解到各个神经元中,逐级计算分析,因而能够处理复杂的信息,给出更精准的结果。以深度学习为代表的新一代人工智能是风控技术最重要的突破口。保险机构在开展车险业务过程中,积累了大量的数据。通常一个车险系统的数据库字段超过2万个,传统的反欺诈技术无法从如此众多且繁杂的字段中,筛选、提取、分析并以此构建模型。深度学习得益于其复杂模型的构建能力,能够分析数据之间更复杂的关联关系,因而能够优选有效字段,并使用更多更有效的字段构建车险风控模型。以深度学习技术为核心构造的理赔风控算法模型,同样可以通过对以往案件的学习,形成精准的案件风险判定能力,从而发现打击车险欺诈行为。

传统的反欺诈技术实现主要是规则及统计建模。和传统的反欺诈技术相比。人工智能反欺诈技术具有以下优势:第一,更快的迭代速度:传统反欺诈技术在应用过程中存在效果衰减问题,需要不断更新规则或者重新建模才能跟上案件欺诈的变化,耗费大量人力成本和时间成本。而人工智能技术只需要保险机构能够积累车险欺诈案件及处理结果,就能从历史案件中学习到新的案件特征,从而实现自身模型的迭代。进一步,这样的过程还可以完全自动化,实现人工智能模型的持续监控和定期更新。第二,更高的精准度:传统技术发现的车险案件,最终能够实现减损的比例通常在10%左右,即使是将规则引擎和统计建模结合,其减损比例也仅为15%左右。由于人工智能模型能够挖掘出案件信息中更为复杂的数据关联,因而具有更高的精准度。以目前的人工智能反欺诈模型应用效果看,其实际减损比例能达到25%以上,并能发现传统技术中遗漏的案件,对传统技术有很好的提升效果。第三,更强的处理能力:传统技术只能处理查勘现场填写的标准字段,人工智能技术能够处理的信息更为丰富。诸如查勘描述这样的文本描述信息,车辆及周边环境的照片信息,甚至报案的语音信息,人工智能技术都能从中提取特征构建反欺诈模型。因此,人工智能技术能够覆盖更为完备的信息,有更强的处理能力。

人工智能给车险理赔带来的效益主要在两个方面:一个是快速理赔效益。以一个中型保险公司测算,每年车险理赔案件预期为200万笔,依照30%的快赔比例,可以实现60万笔案件快速理赔,以每笔案件节约查勘成本200元计算,一年仅查勘成本一项就可以节约成本1.2亿元左右。另一个是反欺诈减损效益。同样测算一个中型保险公司,每年车险理赔案件预期为200万笔。如果查勘反欺诈模型的触发率为1%,准确率为25%,预期一年可发现欺诈案件5 000笔,以平均理赔金额8 000元计算,一年可实现减损4 000万元。

从保险机构的应用而言,人工智能技术的应用还在不断探索的过程中。人工智能反欺诈模型的应用能够为后续人工智能技术与保险业务结合起到良好的示范作用。同时,人工智能技术的应用可以从事中反欺诈,逐渐向事后审计、事前承保风控等环节扩展,最终形成人工智能技术风控闭环,打造车险风控全流程智能化覆盖,全面提升风控技术水平。目前,人工智能技术仍处于快速发展阶段,新技术和新方案日新月异,以人工智能为核心的科技公司层出不穷。保险机构在深入分析业务需求基础上,深挖自身技术潜力,扩展外部技术合作,进一步扩展人工智能应用领域和深度,最终实现业务全面智能化,提升保险业服务水平。

区块链"去中心化"与保险业"中心化"

郑 豪

2020-01-03

2019年10月,随着国家提出将区块链技术作为自主创新的重要突破口,全国范围内出现了一波区块链技术讨论的热潮。金融和保险是区块链技术应用的前沿领域,也是"区块链+"的核心领域。笔者有几位从事互联网工作的朋友,在看到相关新闻后,很兴奋地跟笔者讨论区块链和"去中心化"对国际贸易和金融领域的革命性影响,甚至谈到如何实现保险业比特币式的"去中心化"。对于后者,笔者并不赞同。诚然,在数据的安全性、信息传递效率和成本上,"去中心化"的区块链可能有着其独特的优势。但是,"中心化"的经营仍然是保险业的核心模式,保险需要"中心化"的保险公司来应对信息不对称和进行风险管理。

众所周知,信息不对称是保险行业的显著特点。理论上,保险的信息不对称可以分为逆向选择(adverse selection)和道德风险(moral hazard)。逆向选择是说被保险人由于比保险公司更了解自己的风险,因此在购买保险产品时出于利己动机,高风险的人会试图隐藏自身高风险的事实而选择相对更高的保障。道德风险是说由于保险公司无法观测和约束被保险人所有的行为,因此选择更高保障的被保险人可能会因为有了保险的保障而降低防损减损的努力或者干脆进行保险欺诈。前者称为事前(ex-ante)道德风险,后者称为事后(ex-post)道德风险。

无论是逆向选择还是道德风险,都需要采取相应的机制加以应对,否则将导致无效率配置和市场崩溃。如果不是强制购买的险种,应对逆向选择一般有两方面措施。一方面是挖掘更多的信息进行更准确的差异化风险定价,使得保险产品整体满足赔付预期;另一方面是运用分离均衡的思想设计不同保障和价格的产品,使得高风险的被保险人出于自身效用最大化而自动选择高保障但价格更高的保险,而低风险的人会选择低保障但是价格更低的保险。对于事前道德风险,一般而言,基于不计免赔和共保等方式的最优合约设计是通常的应对方法;对于事后的道德风险,加强反欺诈和理赔管理是常用的应对方法。

应对逆向选择和道德风险是保险行业长期需要"中心化"的保险公司的核心原因之一。基于上述分析可以看到,保险公司围绕信息不对称承担着两方面的重要职能:一是挖掘更多与风险有关的真实信息,二是利用这些信息设计合约并保证合约按规定执行。既然如此,如果没有新的技术和新的模式来同时取代保险公司两方面的职能,我们就很难有理由认为不需要"中心化"的保险公司。在保险经营的场景中,区块链的出现使得我们能以更低的成本获得更多更真实有效的信息,但并不能告诉我们如何利用这些信息。事实上,这些信息的使用往往需要由专业的精算师、数据分析师和经营管理团队进行。而利用信息的过程就是保险公司基于风险相关的数据进行合约设计和理赔等经营管理的过程,这是保险公司的核心竞争力尚且不能被取代的地方。

此外,风险管理的专业性门槛和相关投入的规模报酬递增属性是保险行业长期需要"中心化"运营的另一重要原因。我们可以将保险公司看作一个将风险信息"加工"成为合格保险产品并维护其稳健运行的工厂。更有效、更便捷的区块链信息收集和传递技术显著地改善了这个工厂的原材料成本,也提高了运行维护的效率,但是并没有降低这家企业的产品加工技术难度。相反,社会经济和保险业随着不断发展,需要应对的风险种类越来越多,越来越复杂,相应的对保险公司的风险管理能力要求越来越高,需要越来越复杂和专业的"加工"技术。这就需要大量的人力资本和信息化系统投入,比如雇用精算师、数据分析师、建设更先进的信息化系统。通常意义上,这些投入在一定范围内具有规模报酬递增的优势,保险公司并不会因为业务增加一倍而需要多雇用一倍的精算师或者增加一倍的信息系统投入。因此,风险管理的专业性门槛和相关投入规模报酬递增的优势使得一个专业的保险公司作为经营的中心更经济和更有效。

综上，由保险公司开展"中心化"经营仍然是保险业的核心经营模式。笔者想强调，这样的观点并不是说"去中心化"的区块链技术对保险行业没有影响。许多保险业专业人士从信任机制、提高保险公司经营效率和信息传递效率的角度，对区块链技术应用前景非常看好。笔者非常赞同在恰当的环节对区块链技术进行合理的创新性应用，优化风险管理流程，全面提高保险行业的科技含量。保险是社会治理的重要工具，科技化和高质量发展的保险业承担着推动社会治理能力现代化的重要职能。保险业应当秉承开放包容的态度，在合法合规的前提下吸纳有利于提升自身经营效率和风险管理能力的创新性技术，推动行业高质量发展，从而更好地服务国家经济社会发展。

CCISSR 保险资金运用

服务"一带一路"基础设施PPP项目,发挥保险的风险保障作用

周新发

2019-01-15

2013年9月和10月习近平主席分别提出"丝绸之路经济带"和"21世纪海上丝绸之路"的合作倡议,简称"一带一路"(The Belt and Road,B&R)发展倡议,其旨在通过发展与"一带一路"沿线国家的经济合作,通过共建"一带一路"致力于亚欧非大陆及附近海洋的互联互通,建立和加强沿线各国互联互通伙伴关系,构建全方位、多层次、复合型的互联互通网络,实现沿线各国多元、自主、平衡、可持续的发展。

其中,基础设施是"一带一路"建设的优先领域,"一带一路"沿线大多数国家的基础设施需求旺盛,大批铁路、公路、能源、港口、信息、产业园区等项目正加速提上议事日程,区域内的基础设施合作面临庞大的市场机会。当前,在中国政府大力推行"一带一路"倡议的背景下,世界基础设施建设领域将面临革新化的改变。作为基础设施建设新模式,政府和社会资本合作(public-private partnership,PPP)是公共基础设施中的一种项目运作模式。PPP模式鼓励民间企业、社会资本与政府进行合作,参与公共基础设施和公共服务项目的建设。PPP模式有助于吸收社会资本,通过政府与企业的参与合作,建立政府与企业之间"长期合作、利益共享、风险共担"的合作机制。

放眼"一带一路"沿线国家,它们大多是发展中国家,这些国家的经济发展水平较低,存在基础设施落后和不足的状况,且很多国家存在建设能力不足、管理经验与技术水平欠缺等问题,依靠它们自身的力量很难建设现代化基础设施,这对实现"一带一路"基础设施互联互通的目标是一个难题。然而,PPP模式能够以一种全新的方式提供给"一带一路"沿线国家基础设施的建设与服务,为它们建立起政府和社会资本相结合的一种新型模式。通过引入PPP模式,能够在一定程度上弥补资金不足,加快进行桥梁、港口、机场、铁路等基础设施的建设。PPP模式不仅有利于满足当地基础设施建设和发展的迫切需求,也能解决当地政府在基础设施建设融资方面的问题,更有利于对政府、社会及市场三方面的关系进行调整。同时,从我国"走出去"的企业来看,随着"一带一路"倡议的不断推动,国内诸多企业也纷纷将眼光投向海外,以获取长远的发展与竞争动力。PPP模式的引入让PPP项目的参与者都能从中获益,有利于帮助我国企业更好地"走出去",同时也让政府部门充分发挥职能。

PPP模式在我国推动"一带一路"建设实现基础设施建设互联互通目标的过程中有很大的发展空间,但是我国必须树立起足够的风险意识,运用现代风险管理理论和方法,科学分析"一带一路"基础设施建设中可能面临的风险。"一带一路"覆盖亚欧大陆中心地带,包括中亚、西亚、东南亚、南亚、北非、东欧等国家和地区,沿途所经过的国家及地区政治文化及宗教复杂且多元化,不像欧美发达国家大多有着统一的文化及宗教意识,且"一带一路"沿线国家的经济水平以及社会稳定程度远不如发达国家。此外,鉴于PPP参与的基础设施建设项目的投入资本高,经营期和资金回笼期长,就会使得建设期以及运营期内发生风险的概率加大。因此,中国企业在"一带一路"沿线国家中参与PPP项目投资时必须充分分析可能遇到的各种风险。总体而言,中国企业参与PPP基础设施建设项目主要面临国别政治风险、项目融资风险、项目投资运营风险以及金融汇兑风险四大类。针对这几类主要风险,我们可以从保险风险保障的视角提出应有的发展建议。

首先是国别政治风险。在"一带一路"沿线国家中,由于部分经济相对落后、文化多元、宗教复杂,存在政治不稳定甚至动荡,这对PPP项目投资和管理将带来难以预测和估量的政治风险。同时,由于PPP模式在国际上发展历史也不长,在我国也属于新鲜事物,相关的PPP法律法规有待于进一步完善。在对"一带一路"沿线国家基础设施建设PPP项目过程中,可能会发生当地政府选举换届之后会更改相应的合同条款,使得项目难以按照最初签订时的合同条款进行的情况。比如2018年马来西亚政府更迭,新政府上台后就要求更改原来我国投资该国铁路基础设施项目的合同,甚至不惜推翻前任政府签署的项目合同。针对"一带一路"倡议中的政治风险,除了积极构建国别风险咨询服务体系,还可以创建海外投资保险制度(overseas investment insurance system/overseas investment insurance scheme),使"走出去"的中国企业可以获得保险补偿进而免于遭受损失。海外投资保险制度始于1948年,美国在实施马歇尔计划过程中创设了这一制度,日本、法国、德国、英国等西方发达国家也先后实行了这一制度。本质上海外投资保险制度在防范政治风险的过程中更多的是扮演一种"国家保证"或者"政府保证"的角色。为了进一步鼓励我国企业投资"一带一路"基础设施PPP项目,我国现在非常有必要依据现实国情建立可行的海外投资保险制度。海外投资保险承保的风险涉及当地政府征收、汇兑限制、战争以及政府违约等风险,我国政府针对海外投资者在国外可能遭遇的政治风险予以保证或保险,通过海外投资保险制度可以将"走出去"的企业面临的政治风险造成的损失降至最低。

其次是项目融资风险。目前,我国海外投资的主要风险是来自当地国家的债务风险,而"一带一路"沿线国家大多都是发展中国家。根据世界银行和国际货币基金组织统计数据显示,这些国家外债负担较重,一旦当地发生债务危机,我国前期投入到这些国家基础设施建设项目工程的资金就难以及时地回笼。基础设施建设PPP项目所需资金数据庞大,一旦出现融资风险,就可能导致施工方资金链断裂,基础设施项目拖延搁置甚至施工"烂尾"的情况发生。针对融资风险,一方面,要在政府及融资机构签订的合同中严格规定双方的权责分工,避免发生项目期间资金方发生撤资的情况,要与当地政府及金融监管机构等监督方建立起良好的关系,来约束当地金融机构的融资风险。另一方面,在PPP模式中引入商业保险机制能够使中国企业有效规避这些风险所带来的损失,商业保险部门应针对不同国家和市场的差异制定相关保险制度,可以通过担保、保证等金融及保险方式规定PPP项目合同中的资金拨付时间与延期拨付所应承担的责任与赔偿说明,从而使中国企业有针对性地制定投资决策,保证基础设施建设项目的顺利进行。

再次是项目投资运营风险。项目投资运营风险主要是由于对PPP项目评估不合理和运营管理不科学而引致的未来项目收益风险。在项目投资建设阶段,相关投资主体应科学评估PPP项目投资建设阶段以及运营阶段需要的投资成本、可能面临的财务风险、未来的收益水平,等等,并对PPP基础设施项目进行系统的全生命周期的财务预测和管理。中资企业要重视对国外法律的研究,在关键时刻用法律保护自身的合法权益。同时,要想保证合同工程的顺利进行,必须重视商业保险的作用,建立健全的商业保险机制尤其是工程合同保险来转移风险。"一带一路"基础设施建设PPP项目不能一味追求"走出去"而放松对基础设施工程项目的选择和审核。总的来说,要做到"工程合同先行,工程保险保障"。在基础设施PPP项目运营阶段,针对项目自身的特点制定出合理且稳定的运营机制,建立起一套完整的财务预警系统。也可以借鉴国际上比较成功的PPP项目运营过程中所运用的风险规避措施,避免出现意外的投资收益风险的发生。总之,在PPP项目的实施过程中,风险管理对项目目标的实现至关重要。对于公共部门和私营部门而言,必须系统而科学地评估整个PPP项目生命周期中的潜在风险,并制定出有针对性的对策措施。

最后是金融汇兑风险。一方面,一般而言,PPP基础设施项目建设周期和项目资金回报时间长,由于项目受东道国利率、通货膨胀率、国际汇率等金融指标变化的影响,就会面临金融汇兑风险。尽管国家信息中心主办的"中国一带一路网"搜集了沿线国家的基本宏观数据和国别投资报告,但缺少包括政治、经济、政策、风险等在内的横向综合评估数据,企业在选定市场"走出去"的过程中缺乏决策参考。另一方面,"一带一路"覆盖的是中亚、西亚和南亚等亚欧大陆腹地,这些地区政治复杂、冲突不断、文化多元,不少"一带一路"沿线国家政治、社会和商业环境依然动荡,"走出去"的企业在海外开展业务亦存在风险,给我国企业的对外金融投资与经贸合作造成了潜在威胁。针对金融汇兑风险,我国企业要积极与当地政府沟通关于能否承诺固定汇率等事项,倘若不能,则在合同中规定选择汇率波动较小的货币作为该项目的结算货币,如尽量选择人民币、美元或欧元等相对保值的货币。近年来,人民币国际化在"一带一路"沿线国家积极推广,PPP项目参与的企业可以积极选择人民币作为套期保值货币,这样有利于控制汇率的风险。特别的,在签订PPP项目的合同中,应加入保值条款等措施,主动采用金融风险控制手段,做好防范金融汇兑风险的应对措施。

近年来,中国政府大力倡导"一带一路"倡议,促进了一大批基础设施项目工程在沿线国家的落地和建成,这其中包括许多

PPP项目。例如,哥伦比亚马道斯(Mar2)高速公路项目、柬埔寨甘再水电站PPP项目、刚果(布)桑加水电站PPP项目等。中国企业将国内成熟的技术、服务、资金与各国人工和成本的优势进行合作,既化解了我国国内的过剩产能,也推动了东道国经济发展,中国企业也获得了投资收益,真正地走向国际市场。然而"一带一路"基础设施项目PPP模式还处于不断探索和发展阶段,发展"一带一路"PPP项目面临许多不确定的风险,我国还需要针对具体国家的国情和不同环境,制定海外投资保护法律制度、国际侵权法律诉讼制度等一系列有利于中国企业国际化的制度保障。特别的,为了应对不确定性风险,要鼓励我国有条件的保险公司积极"走出去",在"一带一路"沿线的重点区域铺设机构网点,鼓励保险机构加强国际合作,为企业"走出去"开发新的保险产品和服务,创新保险机制,扩大承保范围,发挥保险专业的风险管理功能,制定出符合"一带一路"基础设施建设PPP项目特色的风险规避方案,为"一带一路"中资企业参与基础设施建设项目PPP模式保驾护航。

险资调研：发挥机构投资者建设资本市场的作用

王瀚洋

2019-05-07

根据中国保险资产管理业协会的统计，截至 2018 年 9 月末，保险行业持有二级市场股票余额达 1.17 万亿元，是股票市场的第二大机构投资者；持有银行存款达 2.28 万亿元，是银行中长期信贷的重要资金供给方；配置各类债券 5.52 万亿元，是债券市场的第三大机构投资者；投资各类基金超过 8 900 亿元，是公募基金市场的最大机构投资者之一。上述数据表明，保险业作为传统的长期资金提供者，正积极发挥机构投资者的建设作用。

机构调研是机构投资者前往上市公司总部所在地或者工厂开展调研的一种形式。在调研中,机构能够接触到被调研公司的管理层和雇员,通过口头访谈,就关心的问题深入提问,以了解第一手资料。同时,机构投资者还可以通过实地观察企业的运营生产,获得一些年报中所没有的信息,从而进一步掌握公司的运营现状、前景和风险隐患。按证监会要求,在机构调研中公司要安排高管接待,调研内容要及时公开披露。

在我国资本市场中,保险类机构(社保基金、保险公司)是重要的调研发起者。笔者手工收集、整理了2009—2016年调研的数据,根据统计,保险类机构共发起调研6 648次,涉及上市公司1 177家,调研最多的前十大行业依次是计算机通信、软件和信息技术服务、电气机械、房地产、医药制造、零售、化学原料及化学制品制造、汽车制造、通用设备、专用设备。可以看出,保险类机构关注高新技术行业和重要的工业企业,发挥着促进实体经济发展、技术创新的重要作用。从保险类机构调研问答的内容看,笔者发现关于公司的具体业务、定位及竞争优势、销售情况、投资、盈余、融资及合规是重点关注的问题,可见险资调研涉及公司经营发展的各个方面。

笔者举两个险资调研的例子,进一步阐明调研的意义。2018年7月6日,安邦资产等17家机构前往北京市海淀区鑫泰大厦,对上市公司三聚环保进行实地调研。在实地调研的过程中,以安邦资产为代表的机构就三聚环保公司的股权结构、技术发展和业务状态等问题向董事长林屹、总经理林科发问,具体问题包括"钌基氨合成技术和MCT悬浮床技术的技术推广市场空间有多大""现在市场上很关注生物质的应用,三聚环保的核心竞争力在哪里,如何保证最终盈利"等。2019年3月20日,中国平安、中国人保等机构前往浙江卫星石化股份有限公司实地调研。公司负责人首先介绍了公司2018年年度经营情况,并且重点告知了公司2019—2020年的重大项目的落实情况。随后以中国平安、中国人保等为代表的投资机构就公司的收入增长情况、盈利能力和合同履约情况进行了发问,具体问题包括"丙烷脱氢装置能产生多少氢气""公司颜料中间体收入增长的原因是什么""公司是否与现代和三星签订了造船合约"等。以上两个调研的案例表明,险资机构在调研所关注的都是与公司业务密切相关的问题,发挥了机构投资者的外部监督作用。

笔者认为,险资通过开展调研,可以发挥机构投资者对资本市场的建设作用,具体表现为以下四个方面:第一,保险机构作为重要的机构投资者,可以通过调研活动积极参与上市公司治理,提升上市公司的投资效率、并购绩效等,而非被动地"用脚投票"。第二,保险机构通过调研来关注实体经济的技术创新和未来发展方向,并通过促进实体经济的创新发展来引领资本市场中上市公司的发展,进一步促进实体经济发展,拉动技术升级。第三,险资调研可以极大地降低公司内部和外部的信息不对称。实地调研使机构投资者不仅能接触到公司实体运营,还能与公司董事会、高级管理层、中层经理等进行面对面的交流,这将有效提高投资者对于公司生产流程、生产能力、资产利用情况、企业文化乃至员工素质的认识,降低信息不对称的程度。近年的实证研究成果也都进一步说明了实地调研作为机构投资者的信息获取过程,能够有效降低公司内部与外部之间的信息不对称程度。第四,险资作为传统的长期投资者,通过调研可以将资金匹配给有核心竞争力的企业,为企业创新提供充足的资本。理论上,融资约束是企业创新的重要瓶颈,险资调研搭起了直接融资创新的桥梁。机构投资者的实地调研将通过降低信息不对称程度,使得投资者有信心容忍公司短期的创新投资失败、为了获得创新长期的回报承受当前较低的股票回报率,最终实现认可创新的价值并鼓励企业创新的结果。

相比散户投资者,机构投资者有着更强的股权管理的动力和信息加工能力,因此对管理层经营行为有着很强的监督和约束作用。由于我国股票市场制度建设需要一个逐渐完善的过程,因而在一个较长的时间内,我国资本市场上的机构投资者并没有发挥积极的监督作用。但近年来,随着资本市场信息披露制度的不断完善,机构投资者对上市公司有了更便捷、更有效的监督途径,其中一个重要途径便是对上市公司进行实地调研。我们高兴地看到,险资通过调研,正积极地发挥自身作为机构投资者建设资本市场的应有作用,通过促进上市公司治理,扮演好实体经济长期资金提供者、金融市场和民生建设"稳定器"的角色。

CCISSR　社会保障与保险

第三支柱个人养老金有望成为中国版 IRA

陈凯

2019-02-12

2018年4月,财政部等五部委发布《关于开展个人税收递延型商业养老保险试点的通知》(财税〔2018〕22号,以下简称《通知》)公布,自2018年5月1日起,在上海市、福建省(含厦门市)和苏州工业园区实施个人税收递延型商业养老保险试点,试点期限暂定一年。酝酿超过10年的个人税收递延型商业养老保险(以下简称"个人税延养老保险")试点终于靴子落地。银保监会也随即公布了首批经营税延养老保险业务的保险公司名单,并且将在一年试点结束后根据情况考虑扩大参与金融机构和产品的范围,有可能会将公募基金等其他金融产品也纳入个人商业养老账户的投资范围之内。未来的个人商业养老保险也许不再是一个"保险"产品,而将是一个可以进行广泛投资的个人资金账户。从形式上来看,我国的"第三支柱"个人养老保险的设计与美国的个人退休账户(individual retirement account,IRA)类似,有望成为中国版"IRA"。

我们先来看看美国 IRA 的发展历史。20 世纪 70 年代,美国政府意识到未来人口结构的潜在变化,第一支柱的社会基本养老金在长期可能会出现赤字。同时,一些中小型企业的雇员或是私营企业者因成本过高而无法加入第二支柱的企业年金计划。IRA 计划的出现有效地填补了这一空白。通过一定的税收优惠刺激,IRA 鼓励没有参加社会基本养老金计划及企业年金计划的个人进行退休储蓄。当雇员工作变动或提前退休时,企业年金计划中的资产也可以转入个人退休账户。这一方面解决了个人为退休后生活提前储蓄的问题,另一方面也缓解了社会基本养老金的不可持续问题和企业年金的流动性问题。截至 2017 年年底,美国仅传统 IRA 计划的资产就已经达到了 7.85 万亿美元,大约占美国总退休资产的 1/3。如果算上其他类型的 IRA 资产,占比大约是 40%。可以说,美国 IRA 计划中的资产在居民退休收入中起到了举足轻重的作用,为居民的退休生活提供了充足的资金保障。除美国以外,其他很多国家其实也有类似的 IRA 计划,例如加拿大的注册退休储蓄计划(RRSP)、澳大利亚的自愿性个人养老金等。我国在 2018 年试点税收递延型商业养老保险可以说是向中国版 IRA 迈出了第一步,建立起了基于税收优惠基础上了养老计划。

然而,要想让税收递延型商业养老保险真正成为足以支撑居民退休收入的支柱,仅凭税收优惠一项还是远远不够的。从美国的经验来看,在IRA计划的成立初期,受政策所限,缴费限额较低,投资品种也局限在一些收益比较稳健的长期债券类产品上。居民的储蓄意愿在初期并不强烈。这和我国现阶段所遇到的情况十分类似。从我国个人税延商业养老保险在2018年下半年的销售情况来看,截至2018年年底已签发保单2万余件,按税优额度1000元推算,已积累资金约2000万元,规模尚不足。当然因为在产品试点初期,累积规模并不是很重要。然而目前试点期间的可投资产品种类较少,收益率的吸引力不大,加之2018年我国整体经济和金融环境的下滑,可能也影响了产品的销售情况。

因此,笔者认为个人税延养老保险接下来的发展应该关注以下几个方面:

首先,引入账户制。目前在《个人税收递延型商业养老保险产品开发指引》(银保监发〔2018〕20号)中规定了税延养老保险产品积累期分为收益确定型、收益保底型、收益浮动型三类产品。投资者还是根据自己的风险偏好在这三种不同风险限额下购买养老产品,灵活性不足。根据生命周期的理论,在不同时期的个体会有不同的投资偏好。利用账户制可以丰富投资种类,给投资者更多的选择权。在2018年年底"中国养老金融50人论坛"上,董克用秘书长专门阐述了账户制养老计划的特点。通过账户制,可以保证养老保险账户的资产不受雇员的工作单位和地点变化的影响,具有很好的灵活性。同时,个人养老账户还可以与税务系统挂钩,避免重复征税。

其次,加大消费者教育。个人税延养老保险作为一个既新鲜又复杂的事物,让居民一下子就接受是不可能的。其涉及税收、投资、养老和保险等多方面的内容,投资期限又比较长,一般的投资者很难搞清其中的所有细节。如果不进行足够的宣传,尤其是官方的宣传,是很难引起消费者关注,获得消费者信任的。然而,我国目前对此类产品的宣传工作是相对缺失的,仅有部分专业媒体和销售产品保险公司才有所提及。反观美国,几乎随处可见有关 IRA 计划的宣传和推广。其他一些国家也都有专门的官方网站来宣传和解释相应的产品。我国在个人养老保险的消费者宣传方面还有很多的工作要做。

最后,扩大经营主体。作为养老的"第三支柱",个人税延养老保险的主要目的是通过税收优惠的政策,鼓励个人和家庭进行更多的养老储蓄,以协同其他方面共同建立多层次的养老保障体系。在目前试点阶段,经营的主体仅限于保险公司。然而如果养老问题只是局限在保险行业中,那是肯定不够的。"中国养老金融50人论坛"提出了"个人养老金"这一概念,去掉了"保险"二字。笔者个人则认为是否强调"保险"这一概念并不重要,重要的是要能贯彻建立个人税延型养老保险制度的初衷。在"累积期",应当引入更多的经营主体,通过市场竞争,丰富投资种类,提高产品收益水平;在"领取期",应该相信保险公司的专业经营能力,交由保险公司通过年金化以更好地应对老龄化所带来的长寿风险。个人税延养老保险一年的试点期即将结束,希望届时能够扩展至银行、基金等行业,让这个产品更具竞争力。

美国的 IRA 制度经历了 40 多年才发展到今天的局面,期间也经历了很多的低谷和波折。我国的个人税延养老保险才刚刚起步,希望能借鉴美国的发展经验,在经营主体、消费者教育和制度设计方面能更进一步,成为中国版 IRA,真正起到第三支柱的支撑作用,完善我国的多层次养老保障体系。

政府工作报告中的医疗保障：
完善多层次医疗保障体系

吴海青
2019-03-12

2019年3月5日，国务院总理李克强在十三届全国人大二次会议上做《政府工作报告》。报告中多次提到社会保障问题，对基本养老保险与医疗保险的发展提出了新的任务和要求。其中针对医疗保障的相关任务目标引起了广泛关注。首先，在大病保险方面，2019年将达到"居民医保人均财政补助标准增加30元，一半用于大病保险"，同时"降低并统一大病保险起付线，报销比例由50%提高到60%"。这是自2012年大病保险开始实施以来，国家首次提出降低大病保险起付线和提高报销比例。其次,在2018年17种抗癌药大幅降价并纳入医保目录的基础上,2019年工作目标中提出要"做好常见慢性病防治,把高血压、糖尿病等门诊用药纳入医保报销"。此外还有针对跨省异地就医直接结算、公立医院改革、基本公共卫生服务、基层医疗建设及药品疫苗等方面的具体工作任务。这一系列目标的提出,将全方位完善我国多层次医疗保障体系,进一步筑牢人民群众医疗保障网络,同时大大提高居民的医疗保障水平,减轻居民就医负担。

我国多层次医疗保障体系主要由三个层次构成:医疗救助等构成的保底层、社会基本医疗保险构成的主体层、大病保险和商业健康保险共同构成的补充层。目前三个层级的基本框架已经建立,但各层次的衔接性和协调性仍然较差,因此需要进一步的改进措施。2019年各项工作任务将从以下几个方面对我国多层次医疗保障体系进行完善:

第一,增加大病保险补助,降低并统一大病保险起付线,提高报销比例,是对城乡居民多层次医疗保障体系补充层的巩固。大病保险是针对城乡居民医保和新农合的补充政策,其受益者主要是城乡居民。由于大部分人收入水平相对较低,且很难购买到税优健康险产品,城乡居民对商业健康保险的购买率并不高,因此大病保险就成为补贴城乡居民重大疾病下高额医疗花费的重要政策,也成为城乡居民多层次医疗保障体系补充层的主要组成部分。此次降低大病保险起付线,将报销比例由50%提高到60%,将进一步降低个人自付医疗花费,结合大病保险补助增加的措施,从增"入"减"出"两个方面为城乡居民构建更加牢固的医疗保障补充机制,进一步降低"因病返贫""因病致贫"现象的发生概率。

第二,更多药物品种纳入医保,是对多层次医疗保障体系主体层的进一步补充和完善。2018年,在社会各界的共同努力下,17种抗癌药被纳入国家医保目录;2019年,医保目录范围扩大到高血压、糖尿病等慢性病门诊用药。随着生活方式的转变和不可避免的老龄化趋势,近年来我国民众癌症、慢性病发病率不断上升。医保目录覆盖范围的不断扩大,是适应经济社会发展和疾病谱演化的必然过程,也是基本医疗保险未来发展的必然趋势。国家医保局局长胡静林在两会"部长通道"中指出,2019年将进一步建立医保目录的动态调整机制,"把更多救命救急的好药纳入医保"。这项举措主要影响的是多层次医疗保障体系的主体层,也就是基本医疗保险。医保目录的不断扩大使得加入基本医保的民众能够更多地享受到医保报销的福利,特别是在一些治疗周期长、花费大的病种上,将极大减轻医疗花费负担,改善患病人民的生活水平,使他们不再为"看病难、看病贵"而困扰。

第三,跨省异地就医直接结算,使异地就医患者能够在定点医院持卡看病、即时结算,是完善多层次医疗保障体系衔接机制的有效措施。衔接不足是我国多层次医疗保障体系目前存在的最主要问题,城乡之间、地域之间、不同层级之间的医疗保障不能实现互联共通,对民众就医报销等产生了极大的不便,造成了部分保障真空或断层。此次提出完善和落实跨省异地就医直接结算政策,是完善地域间医疗保障衔接机制的一大进步,有利于保障农民工、随迁老人等流动人口的权益。同时也是对经济结构变化、人口流动性增强等趋势的有效应对。

第四,提升分级诊疗和家庭医生质量,加强对基层公共卫生服务的补贴力度和基层医护人员的培养,将有效提升多层次医疗保障体系的运行效率。目前,我国分级诊疗制度仍不完善,家庭医生制度没有得到有效推广,出现了"三甲医院人满为患、基层医院门可罗雀"的现象。这种医疗结构的失衡造成了基层医疗资源的浪费,病人的高度集中也激发了更多医患矛盾,造成了医疗保障体系效率的极大损失。促进基层医护人员的培养,建立基层医院人才引进体制机制,同时提升分级诊疗和家庭医生签约服务质量,有利于提高民众对基层医疗机构的信任程度,将患者实行有效分流,避免医疗资源分配失衡带来的效率损失。

当然,我国多层次医疗保障体系的完善不可能一蹴而就,在后续工作中仍然面临很多挑战。比如医保报销目录扩大后,需要进一步增强对医院方的监管,避免药物滥用,杜绝"骗保"现象的发生;大病保险报销比例提升后,应该相应调整与商业保险机构合作的具体内容,一方面要为商业保险机构提供适当激励,另一方面要更加强调大病保险基金的专款专用,从而控制风险,保障人民群众权益;异地报销和分级诊疗的完善,离不开医疗信息共享平台的进一步构建,只有实现信息的高效共享,医疗保障体系的效率才能得到真正提升。

2019年《政府工作报告》对"保障基本医疗卫生服务"提出了具体而可行的目标,从补充层、主体层、体系衔接、效率提升等多方面为我国多层次医疗保障体系的完善设定了方向。作为社会保障的重要组成部分,多层次医疗保障体系关系人民群众切身利益,将在全面建设小康社会过程中得到更加充分的重视和更加有效的落实。

当前我国社会养老保险基金收支平衡改革的经济学思考

周新发

2019-04-02

党的十九大加强社会保障体系建设的方略是,按照兜底线、织密网、建机制的要求,全面建成覆盖全民、城乡统筹、权责清晰、保障适度、可持续的多层次社会保障体系。要实现社会养老保障体系的可持续,就必须保证养老保险基金收支平衡。但是,由于我国人口基数大,老龄人绝对人口数量世界最多,并且我国2010年已经进入老龄化阶段,如何实现养老保险基金收支平衡是我国社会养老保险制度面临的重要挑战。养老保险基金收支平衡是关系到"老有所依"和"老有所养"的重要问题,不仅关系到我国老龄人口的利益和福祉,也是影响我国长期社会稳定和经济可持续发展的重大政治命题。党的十九大以来,针对社会养老保险基金收支平衡课题,我国政府主要作了以下改革:

第一,针对省际、地区间社会养老保险基金不平衡问题,出台了《企业职工基本养老保险基金中央调剂制度方案》。从社会养老保险基金收支情况来看,虽然我国社会养老保险总体收支平衡,能够确保基本养老金按时足额发放。但是,由于老工业基地人口老龄化、区域劳动力流动不平衡等原因,省际、地区间社会养老保险基金不平衡的问题越来越突出。从地域分布特征来看,养老保险基金结余主要集中在劳动力净流入地广东、北京等发达城市和地区,而辽宁、黑龙江等东北部分老工业省份由于退休的工人基数较大,领取养老金人数随着人口老龄化呈现递增趋势,近年来出现社会养老保险基金当期收不抵支的情况。省际社会养老保险基金不平衡问题,既有历史遗留问题的原因,也有改革开放以来发展不平衡的现实因素,单靠省级统筹难以解决。

通过中央政府在全国范围对基金进行适度调剂,有利于解决省际社会养老保险基金不平衡问题。2018年5月11日,中央全面深化改革委员会第二次会议审议并原则通过《企业职工基本养老保险基金中央调剂制度方案》。经党中央、国务院批准,2018年7月1日起建立了企业职工基本养老保险基金中央调剂制度,调剂比例从3%起步,往后还会进一步提高。2018年下半年调剂额是2400多亿元,有22个省份从中受益,受益金额600多亿元,在一定程度上均衡了不同省份间的基金负担,缓解了地区养老保险基金不平衡的问题。目前,我国社会保险基金的总体运行情况良好,能够确保养老金按时足额发放。

但是,从长远来看,随着人口老龄化加剧,领取养老金的人数会不断增长;同时,我国自2005年以来连续每年调高企业退休人员基本养老金,养老金待遇刚性增长,因此,我国养老保险基金支出规模将不断增大。如何通过制度改革红利的释放来满足日益增长的养老保险支出要求,探寻到有效实现社会保险基金收入增量提升的机制,是关系到我国社会保障基金制度长期可持续发展的一项迫切任务。

第二,针对如何实现社会养老保险基金收入增量提升问题,国家2018年出台了《国税地税征管体制改革方案》,实施"费改税"征收模式。从经济学上看,长期以来我国养老保险基金收入依靠社保部门收费,是"软约束"机制,难以做到应缴尽缴。多数企业都采取申报缴费制度,全凭企业自行申报,企业拥有是否给本单位员工缴纳养老保险的权力,而社保机构无法掌握企业实际的员工人数和工资规模,这使得一方面养老保险缴保人数不够,有些该缴的没有缴;另一方面养老保险缴费基数不对,不少企业都是按照最低基数而不是实际工资缴纳,存在瞒报、漏报、少报等问题。因此,要实现社会养老保险基金的收支平衡,就必须解决"该缴未缴"和"未足额缴费"的问题。如果符合条件的应缴纳养老保险者都依据收入的实际比例进积极缴费,就可以实现社会养老保险收入颗粒归仓。在当前我国养老保险不能扩大覆盖面积的情况下,保证养老保险费用的足额收缴就尤其重要。"费改税"征收模式不但能扩大养老保险缴费的人口基数,更能够基于参保的个体实际收入水平,增加养老金缴费收入总量,为社会养老保险收支平衡提供坚实的源头保障。

2018年7月，中共中央办公厅、国务院办公厅下发的《国税地税征管体制改革方案》，明确提出从2019年1月1日起，将基本养老保险费、基本医疗保险费、失业保险费、工伤保险费、生育保险费等各项社会保险费交由税务部门统一征收。从世界社保制度发展趋势来看，社保"费改税"是世界主要发达国家的社保制度特征，世界上大部分国家也是推行"社保税"的。从征收的精准性和效率来讲，相比社保部门，税务部门掌握着企业和个人的财务数据和信息，对社保缴费的征收、管理和核定将更加科学，并且税务部门有直接从企业账上划拨税费款的能力，征收起来会更加准确有效，可以保证社会缴费颗粒归仓，解决长期以来缴费不给力的情况。虽然从1999年到2018年我国社保基金缴费采用的都是"社保费"模式。但是，在2018年社保"费改税"全国性推动之前，我国在浙江、广东已经摸着石头过河，先行试点社保"费改税"并且取得了不错的成效，这对于社保"费改税"起到了参考和借鉴意义。因此，目前普及社保"费改税"有利于顺应新时代我国社会保险基金制度发展的要求，是我国社会保险制度改革发展的必然产物。

展望未来，"改革没有完成时，永远在路上"。要实现我国社会养老保险基金收支平衡，还需要对我国社会养老保险基金制度进一步深化改革。尽管在增量方面我国已经作出了社保"费改税"，但是在社会养老保险基金的存量方面，我国需要解决既有的巨额滚存社会养老保险基金保值增值问题，这将是未来我国社保基金长期可持续发展面临的重要挑战。针对社会养老保险基金如何实现保值增值的目标，需要政府未来进一步出台优化我国社保基金运营改革方案。根据财政部统计数据显示，2018年我国企业职工养老保险基金收入3.6万亿元，基金支出3.2万亿元，当年结余约4 000亿元，滚存结余达到了4.6万亿元。使4.6万亿元滚存结余保值增值，实现社会保险基金盈利性，有利于社会保险基金在全国范围内的收支平衡。目前，我国部分省份将其社保基金通过委托全国社保基金理事会进行投资运营，取得了良好的收益。但是，目前这种正部级事业单位负责的投资管理模式也存在难以构建有效适应市场化环境的公司化运营制度，以及充分的激励和约束机制的问题。展望未来，采取什么样的模式对社保基金进行专业化投资运营和管理，以实现长期可持续的保值增值目标，将是下一阶段我国社会保险基金改革新的课题。

养老金的国债性质与财务分析

朱南军

2019-04-30

中华人民共和国人力资源和社会保障部（以下简称"人社部"）于2019年4月23日上午召开2019年第一季度新闻发布会。有记者提问："近日有研究机构发表报告称，2035年养老保险金将要用光，请问人社部怎么评价？"这一问题引起了社会的广泛关注。人社部当时并未充分正面回应此问题，而是从通过实施降低社保费率综合政策，做大养老保险的"蛋糕"、实施基金中央调剂制度，均衡地区之间的养老保险负担，帮助困难地区确保发放、不断增加战略储备基金等几个方面来提升民众对养老体制的信心。

记者提问当中的"养老保险金将要用光",是基于现在养老金"收不抵支"的情况对未来养老金亏空结果的推断。一是从财务的角度,养老金收不抵支于养老机制安全性而言似乎不是一件好事,可否采用开源节流方式尽快改变收不抵支与养老金亏空的情况呢?短期内不可以。在诸多背景下,养老金支大于收与亏空缺口只能是基于特定条件下的必然财务安排。从发现问题角度,支大于收与亏空缺口是老龄化及其他系列问题的症状表现,如果没有症状,你永远不知道究竟患上了何种疾病。二是从解决问题的角度,它本身也是老龄化背景下解决养老问题的一种经济或者金融手段。存在的缺口不可能在短时间内强行弥补,因为强行弥补只有两种手段:开源和节流。开源是增加税目或提高税率,是一把双刃剑,可能会抑制投资,也与当下为企业减负的大的政策导向不符;节流则意味着降低老人生活水准,降低消费水平,税收开源与消费节流都会降低经济活力。

如何认识养老金缺口或者亏空呢?政府"征收"养老金可以理解为政府发行的中长期国债,以便在养老金投资人退休后将资金返还给参与者用于生活。国债与(政府)养老金都是以国家信用做担保,二者都没有信用风险。不同的是,普通国债未必提供附加通货膨胀保护,但是养老金却必须考虑未来老人的社会必要生活水准,换句话说,养老金内涵式地提供了通货膨胀保护的承诺。理解这一点很重要,这意味着在代际人口均衡的情况下,要实现未来养老金的收支平衡,养老金的投资收益率必须追平国家的名义GDP,而且不能是仅仅追平实际GDP,否则不能提供通货膨胀保护,这意味着征收养老金如同政府向参保人发行了高息债券,这个高息大体相当于名义GDP。从我国社保基金运作的实际情况看,很少能够达到名义GDP这个投资收益率水平。在安全性的要求下,社保基金配置了过多的低风险低收益的资产,导致养老金资产收益率偏低,这也从一个方面解释了我国养老金收不抵支、空账运行等系列现象。

那么养老金收不抵支、空账运行是否意味着金融风险呢?这里不详细讨论这个问题,只提供一个分析框架。如果将政府养老金理解为政府的债务性承诺。政府债务占GDP的比例是常用的风险衡量指标,一般认为不超过60%是安全的。2018年美国政府债务占GDP的120%,日本为238%,中国按照国家统计局公布的GDP初步核算数(90万亿元)计算为37%,中国养老金资产仅占GDP的1.5%,二者相加也就是38.5%,远远低于国际上60%的常用警戒线。这个警戒线是否合理暂且不讨论,但是在计算政府债务占GDP的比例时,一定要把养老金债务计算进去,在进行国家间比较时采用统一口径。

动态观察养老金亏空,其现象就是收不抵支,这是否应该引起注意呢?这要看其中的收支差额去了什么地方,带来了什么结果。养老金收支差额形成了老年人口的消费力,这对于经济而言并非坏事,因为消费带动了投资与生产;尚未亏完、累积下来的相当于GDP的1.5%的那部分养老金资产也用于直接投资或者转换为储蓄,最终还是进入经济循环。因此从外部效应评价,养老金亏空、收不抵支似乎不是坏事,其对实体经济的影响不能一棒锤死。重复前面那句话:养老金支大于收与亏空缺口只是基于特定条件下的必然财务安排。但是真正值得考虑的是导致养老金亏空、收不抵支背后的原因。养老金亏空是养老金的"资产负债表视角",而养老金的收不抵支则是"利润表视角"。二者分别从静态与动态来反映养老机构的财务状况,其背后是养老体制社会经济的现实运行状况。这些状况包括但不限于:自然人长寿化与社会老龄化、低生育率、就业年龄延迟、年轻人口向国外(省外)移民等。我国养老金尚未实现全国统筹,因此进行省际的观察(如比较东三省与珠三角),对上述原因可能看得更清楚一些。因此,真要解决养老金缺口,可能需要从以下几方面解决:延迟退休年龄,输入劳务或接收移民,大力发展非学历职业教育而不是一味追求学历教育(提前劳动就业年龄),这才是解决养老问题的长期性根本措施。但是这涉及众多社会、法律、安全等诸多方面的问题,并非单一经济手段所能解决。

长期护理保险如何可持续

刘子宁

2019-06-04

中国保险行业协会在 2016 年的一项调查显示,我国 80 岁以上高龄老人的身体机能会出现显著和迅速的退化,60—79 岁低龄老人中由于重度失能而存在护理服务需求的比例为 6%,而这个比例在 80 岁以上高龄老人中提升为 26%。随着人均寿命的延长,高龄老人的比重将有所增加,可以预见,护理服务的需求在未来也将增加。

长期护理保险最早在 20 世纪七八十年代兴起于美国,是一类在老年人出现重度失能时,能够有效提供护理保障或者经济补偿的保险。我国长期护理保险在 2012 年最早由山东省青岛市率先进行探索,在 2016 年明确了在全国范围的 15 个地区探索建立"为长期失能人员的基本生活照料和与基本生活密切相关的医疗护理提供资金或服务保障的社会保险制度"。2019 年 3 月 5 日召开的十三届全国人大二次会议上,《政府工作报告》第一次涉及长期护理保险,提出"要改革完善医养结合政策,扩大长期护理保险制度试点"。可以预期,在未来很长一段时间内,长期护理保险是应对我国老龄化危机的重要举措,如何保障长期护理保险的可持续发展显得尤为重要。在此,笔者基于国际经验,从构建护理预防体系、防控道德风险、重点发展居家医疗护理和建立独立的长期护理保险制度这四个方面讨论如何保障长期护理保险的可持续性。

一、构建护理预防体系

随着老龄化社会的到来,护理服务的需求量出现井喷,而老年人的健康水平决定了护理服务的需求量。一般的医疗服务和护理服务无法进行护理预防,为降低护理服务需求的压力、确保该制度的持续发展,需要有一个介于医疗服务和护理服务之间的护理预防体系,来帮助老年人提前对可能出现的失能进行预防和治疗,提高老年人的健康水平。日本自 2000 年推进长期护理保险以来,历经多次改革,深谙事前预防是应对资源紧缺难题的有效措施,因此日本十分重视提高老年人的护理预防意识,并对未享受长期护理服务但又存有一定失能隐患的人群提供相应的护理预防服务。在我国推进护理预防体系不仅能有效降低失能人群的比例,减轻长期护理服务和基金的压力,还能从本质上提高老年人的健康水平,实现和推进健康老龄化与积极老龄化。

二、防控道德风险

目前全国各试点的长期护理保险都不设起付线,只要满足护理评估的条件,参保人员都可享受长期护理保险的相关待遇。就美国的经验而言,虽然长期护理费用的一半都被政府的老年和残障健康保险(medicare)和医疗援助(medicaid)两个项目所覆盖,但是承保者在享受这两个项目之前还需要满足一些条件,比如医疗援助规定承保者的收入和资产必须低于相应的临界值才能享受长期护理服务。我国长期护理保险的部分措施在某种程度上能够解决道德风险,比如按照规定的包干费或者报销比例进行报销,以及规定护理保险经办机构需要将参保人员生活活动能力等级评定结果予以公示。但是为了减轻护理保险基金的压力,将有限的资源给予最需要的群体,带有社会保险属性的长期护理保险应当更多地照顾困难群体,比如目前享受长期护理保险待遇的群体应该固定在65岁以上,或者对享受待遇的群体的收入和资产条件有一定的要求。

三、重点发展居家医疗护理

德国于1994年出台了《长期护理法案》,确定了一个全面覆盖的长期护理保险制度,该制度数十年的发展确定了"居家医疗护理"优于"机构护理"的模式,这种模式的优势在于可以减轻长期护理保险基金的压力。我国长期护理服务包括医疗专护、护理院医疗护理、居家医疗护理和社区巡护服务,各试点没有侧重发展某类服务,一般根据生活活动能力等级评定结果来决定服务类型和待遇。就目前我国的国情而言,鼓励居家医疗护理有三个优势:一是基于中国的文化背景,居家医疗护理契合了家庭养老的观念,对受益人的现金支付也能缓解家庭养老的压力;二是考虑到居家医疗护理的费用通常低于机构护理的费用,优先发展居家医疗护理可以减轻长期护理保险基金的压力;三是目前我国护理服务机构和床位、护理服务人员存在巨大的缺口,长期护理服务在发展初级阶段面临服务供给不足的问题,而鼓励居家医疗护理可以暂时缓解服务供给不足带来的问题。

四、建立独立的长期护理保险制度

我国长期护理保险还处于探索阶段,对于长期护理保险制度的发展存在不同的观点。有的观点认为长期护理保险应该纳入基本医疗保险制度,还有观点认为应该建立独立的长期护理保险制度,和目前的五大基本保险并行。德国是全球第一个将长期护理保险设立为独立险种的国家,实际上除了美国,大多数国家都以政府的强制力作为保障,建立了有独立融资渠道的长期护理保险制度。由于长期护理保险本质上区别于医疗保险的服务,从待遇水平、给付标准和覆盖人群等方面存在显著差异,从长期发展的角度而言,如果建立独立的长期护理保险制度,能够更为精确地设定缴费基数、待遇水平和给付标准,有利于长期护理保险基金的管理和财务可持续性。

养老保险提升健康老龄化水平

吕有吉

2019-07-02

近年来,人口老龄化带来的一系列问题已经成为我国社会的焦点话题,这其中备受瞩目的一个问题是如何提高老年人的健康水平。众所周知,健康是决定一个人福利水平的关键因素之一,特别是对于面临日益增长的长寿风险和患病风险的老年群体而言,如果健康得不到保障,那么长寿就是一种奢望,甚至是一种折磨。为了更好地解决这一问题,切实提升老年人的福利水平,国务院于2016年10月印发的《"健康中国2030"规划纲要》中明确提出要促进健康老龄化。

2017年3月国家卫计委等13个部门联合印发的《"十三五"健康老龄化规划》(以下简称《规划》)中进一步对健康老龄化做出了明确定义。《规划》对健康老龄化的定义是:从生命全过程的角度,从生命早期开始,对所有影响健康的因素进行综合、系统的干预,营造有利于老年健康的社会支持和生活环境,以延长健康预期寿命,维护老年人的健康功能,提高老年人的健康水平。为了实现健康老龄化,《规划》也明确部署了包含推进老年健康促进与教育工作,提升老年人健康素养在内的9项重点任务。然而,纵观《规划》全文,均未出现养老保险的"身影"。在笔者看来,养老保险作为贯穿人们一生的重要制度安排,会对人们的财富分配、劳动供给等决策产生重要影响,进而影响人们的健康水平,因此,在促进健康老龄化的过程中,我们必须考虑养老保险所能起到的作用。

首先,养老保险会改变财富在人们生命周期内的分配,进而影响老年人的健康水平。在传统的理论框架下,个人会在工作期进行储蓄,从而为其老年生活提供资源,而养老保险的引入会直接影响个人在不同时期的储蓄和消费决策,进而影响其老年期的健康水平。大量研究表明,养老保险的引入会挤出私人储蓄,由此会带来两方面的问题。

第一个问题是,对于工作期的个人而言,挤出的私人储蓄能否转化为更多有利于健康的消费。从生命全过程的角度出发,工作期个人的健康水平无疑会对其老年期的健康水平产生重要影响。由于在不同人群间存在流动性约束、个人金融认知水平、风险厌恶程度等多方面因素的差异,由养老保险挤出的私人储蓄存在数量上的显著差异。如果被挤出的私人储蓄不足以缴纳养老金缴费,则养老保险还会挤出工作期个人的一部分消费,这就可能会导致工作期个人减少有利于健康的消费,比如充足的营养摄入、定期的身体检查等,从而降低工作期个人的健康水平,进而降低个人老年时的健康水平。如果挤出的私人储蓄除去缴纳养老保险还有剩余,那么这部分剩余就可能转化为工作期个人更多有利于健康的消费,从而提高工作期个人的健康水平,进而提高个人老年时的健康水平。

第二个问题是,人们老年期的预算约束是否会因为私人储蓄的挤出而缩紧。众所周知,个人的养老资源一般由私人储蓄、代际转移及养老金三部分构成,随着家庭规模的不断缩小,人们越来越多地依赖私人储蓄和养老金为其老年生活提供资源。由于养老保险会挤出私人储蓄,因此私人储蓄和养老金能否为老年人提供充足的养老资源就依赖于养老保险对于私人储蓄的挤出效应的强弱。如果养老保险的引入最终放宽了老年人的预算约束,老年人就可以摄入更加充足的营养、购买更多的医疗服务,从而提高其健康水平。与之相反,如果养老保险的引入最终缩紧了老年人的预算约束,那么养老保险可能会减少其有利于健康的消费,从而降低其健康水平。

其次,养老保险会改变人们的劳动供给决策,进而影响老年人的健康水平。一系列研究表明,养老保险会显著降低个人的劳动供给,尤其是对于那些没有面临强制退休政策的人群,比如占我国人口大多数的农村居民,而劳动供给的减少会从两个方面影响个人的健康水平。一是从收入的角度出发,劳动供给的减少会降低个人工作期的收入,哪怕不考虑由此造成的养老金的减少,个人一生的预算约束也会因此缩紧,从而可能会减少个人有利于健康的消费,进而降低个人老年期的健康水平。二是从闲暇的角度出发,一般而言,由繁重的劳动所带来的体力损耗和精神压力会损害个人的健康水平,此时,适度增加闲暇可以通过放松身体、舒缓压力的方式提升个人的健康水平,这一点在农村体现得尤为明显。在农村,有大量老人迫于生活的压力不得不拖着年迈的身体下地耕种,将他们从繁重的农活中解放出来,无疑对他们的健康水平是有益的,而养老保险制度就可以通过为他们的老年生活提供保障达到提高他们健康水平的目的。

最后,养老保险还会通过影响非正式照料、自我认知地位等渠道影响老人的健康水平。就非正式照料而言,相关研究表明,来自家人的非正式照料可以改善老年人的健康。如果养老保险放宽了老年人的预算约束,那么老年人就有能力购买更多的正式照料,比如养老院服务等,而这可能会挤出来自老年人家人的非正式照料,从而对老年人的健康产生不利的影响。就自我认知地位而言,老年人的自我认知地位与其收入水平等因素息息相关,而养老保险可以通过改变老年人收入水平等途径影响其自我认知地位,进而影响其心理健康。

总而言之,养老保险可以通过多种渠道影响老年人的健康水平。在未来的政策规划中,相关部门需要综合考虑养老保险的多种效应,设置合理的保障水平,提升民众的养老认知,鼓励家庭成员互助,让养老保险成为促进健康老龄化的强劲助力。

京津冀基本公共服务均等化与社会保险

朱南军

2019-07-30

基本公共服务是指建立在一定社会共识基础上,根据一国经济社会发展阶段和总体水平,为维持本国经济社会的稳定、基本的社会正义和凝聚力,保护个人最基本的生存权和发展权,为实现人的全面发展所需要的基本社会条件。基本公共服务均等化是指政府要为社会成员提供基本的、与经济社会发展水平相适应的、能够体现公平正义原则的大致均等的公共产品和服务,是人们生存和发展最基本的条件的均等。从我国的现实情况出发,基本公共服务均等化的内容主要包括:一是基本民生性服务,如就业服务、社会保险、养老服务等;二是公共事业性服务,如公共教育、公共卫生、公共文化、科学技术、人口控制等;三是公益基础性服务,如公共设施、生态维护、环境保护等;四是公共安全性服务,如社会治安、生产安全、消费安全、国防安全等。

京津冀地区作为我国参与全球竞争、率先实现现代化的正在崛起的巨型都市圈,是我国北方连接"海洋经济"和"大陆经济"的重要枢纽。京津冀协同发展的主要目标之一就是实现三地公共服务均等化和建立公共服务共建共享体制。2015年《京津冀协同发展规划纲要》中明确提出"促进基本公共服务均等化是有序疏解北京非首都功能的重要前提和京津冀协同发展的本质要求",同时提出了"到2020年,河北与北京和天津的公共服务差距明显缩小,区域基本公共服务均等化水平明显提高,公共服务共建共享体制基础初步形成"的战略目标。

社会保险是社会保障制度的一部分,也是公共服务中重要的组成部分,与公共服务中的养老服务、医疗、就业等民生性服务都息息相关,是国家通过强制保险的手段,对国民的部分风险进行保障,是促进社会稳定和谐发展的重要手段。目前我国的社会保险主要包括养老保险、医疗保险、失业保险、工伤保险和生育保险,从公共服务均等化的角度来分析京津冀社会保险服务的均等化会是一个崭新的视角,并且能够给三地的协同发展提供新思路和发展方向。

社会保险服务均等化目前在国内尚无完整的定义,但是通过结合公共服务均等化的定义来看,可以定义为:社会保险服务均等化是以公平公正服务人民、高质量高效率的制度,保障权利提升效益为价值追求,以健全基本养老保险、基本医疗保险、工伤保险、失业保险、生育保险供给机制为重点,推进城乡、区域、不同人群间社会保险制度统一、标准一致、水平均衡,保障城乡居民公平、可持续地享有社会保险公共服务的动态过程。在京津冀一体化的过程中,社会保险服务均等化的意义在于以下两点:

第一,体现社会保险的社会性及收入再分配效用与社会公平。对于不同的劳动者而言,其首次收入具有差别性,这是个体所处社会阶层、个人能力、人生际遇等不同情况而造成的客观存在的差别性。这一差别性决定了各国政府必须举办社会保险,通过社会保险的形式对一部分国民收入进行组织和重新分配,对各种社会风险进行有效规避,从而有效保障参保人在遭遇事故、收入中断时的基本生活条件,解除其后顾之忧,使其安居乐业,进而稳定社会秩序,发展社会生产。社会保险的服务对象是法律规定范围内的所有参保人,保障的是全体劳动者及其家属的基本生活,其保障功能辐射的范围比较广泛。社会保险的社会性以及收入再分配效用,必然促使社会保险逐渐趋向均等化的态势。社会保险是一种特殊的、比较复杂的福利措施,其保险资金的来源一般是个人、企事业单位缴纳的社会保险费和政府必要的补贴,它涉及国家、企业和个人三者利益以及各经济部门之间的利益,需要协调各方面的经济关系。社会保险功能的实现所依赖的是全社会的资源,其资金来源呈现社会化的特性,因此在客观上必然要求其基本公共服务向均等化局面发展,才能充分体现其社会共济的公平特性。

第二,保障全体公民的基本生活均等。目前我国的社会保险事业是在单位保障的基础上进行改革和发展,在制度设计上先天就侧重于城镇的正规就业职工,其他群体的社会保险服务覆盖在很长一段时间内都没有纳入制度设计的考虑范围。这是与基本公共服务均等化的发展目标相悖的。社会保险的社会性决定了其必然向均等化的方向发展,这是其内在特性决定的。社会保险保障的应是全体公民的基本生活,应与单位本身的保障严格区分开来,不仅应保障正规工作单位的职工,还应包括非正规就业职工、未就业居民、农民等社会群体,并逐步趋向均等化,覆盖全体公民,才能更好地体现社会保险的社会共济性。

至于社会保险服务均等化的实现路径,可以考虑从以下两个方面重点入手:一是推进农村社会保险,促进京津冀城乡协调发展。推进农村社会保险制度建设,满足占我国总人口70%的农村居民的社会保险需求,是促进我国城乡协调发展的重要环节,也是促进我国社会保险服务均等化的客观要求。现阶段农村社会保险仍处于初级发展阶段。在农村社会保险制度设计方面,我国目前已设立新型农村居民养老保险、新型农村合作医疗保险等相关社会保险制度,但参保覆盖面仍偏低,根源在于我国城乡的二元经济体制造成的城乡发展不均衡问题。在京津冀三地中,河北作为农业大省,农业人口占据了全部人口的2/3以上,在京津冀协同发展的过程中,这也是实现均等化发展的重要阻碍,通过农村社会保险的进一步落实,能够解决河北省农村经济发展严重落后、社会保障严重不足的问题。二是实现社会保险服务的全民覆盖。我国目前的社会保险的特点是"广覆盖、保基本、多层次、可持续",因此,实现全民社会保险的基本覆盖是我们所追求的目标。现阶段,虽然京津冀地区已经基本实现了社会保险的覆盖,但是在一些特殊地区,社会保险的覆盖程度还远远不足,保障力度也远低于北京和天津,尚有一些非正规就业人群未被覆盖。因此,我们需要通过相应的法律法规来全面保障社会保险的覆盖水平,充分发挥法律的倒逼机制,促进基本社会保险的广泛覆盖。

多个主体合力建设长期护理保险

姚 奕

2019-09-24

人口众多是我国的基本国情,曾为我国过去几十年的高速经济发展贡献了重要的"人口红利",而随着人口结构发生日益严峻的变化,这也成为未来持续发展所面临的限制条件乃至新的风险点。截至 2018 年年底,我国 60 岁以上老年人口的数量已达到 2.5 亿,占总人口的比例为 17.9%。全球 1/4 的老年人口都生活在中国,而我国仍处于加速老龄化的过程中。

在这一背景下,国务院在 2019 年 6 月出台《国务院关于实施健康中国行动的意见》(国发

〔2019〕13号）。其中特别提出实施老年健康促进行动，"健全老年健康服务体系，完善居家和社区养老政策，推进医养结合，探索长期护理保险制度"，并公布"到2022年和2030年，65—74岁老年人失能发生率有所下降，65岁及以上人群老年期痴呆患病率增速下降"的政策目标。

2.5亿老年人口的健康促进行动是一项重大的民生工程，仅以政府为唯一责任方显然有失偏颇，一定程度上的"公私合作"模式可以更为有效地提供良好的服务。长期护理保险（以下简称"长护险"）是为失能人群长期护理提供财务保障的一种健康险产品，在日本、韩国等一些老龄化进程开始较早的发达国家已发展得较为成熟。长护险的发展是一项从制度、系统到服务、产品的系统性工程，需要各方各司其职，扎实推进。包括政府、保险公司、护理机构、社区和家庭在内的五个主体都具有其特定的职责。

一、政府

具体而言，政府在政策制定、配套规范出台、人才培养和加强宣传方面需做好基础性工作，并加强政策制定的前瞻性和系统性。

首先，在模式选择方面，长护险可以采用全商业保险或者政策性保险的模式。在我国目前的国情之下，纯商业模式很难大面积铺开，因而政府主导的政策性保险是启动阶段的主要选择。在制定长护险的覆盖人群和保障水平时，必须要考虑长护险基金的来源和承受能力。由于我国仍处于老龄化的加速期，预计未来的失能人口数量会进一步增加，而护理成本也会随着劳动人口的相对减少而日益上涨。因此,在设定覆盖人群和保障水平时要考虑未来的增量,避免盲目扩大且具有福利"刚性"的长护险成为日后社会保险的包袱。但同时也要考虑长护险赔付率应处于一个合理的范围。如果由于政策设定得相对保守,导致赔付率过低(在一些情况下,实际赔付率不足 1/3),而基金结余由于政策限制很难及时投入资本市场保值增值,实际上造成资金的巨大浪费。与此同时,很多居民并没有得到保障,形成不均衡发展。

其次,政府需要出台对于护理机构、人员、培训及资质相关的必要配套规范和认定标准。目前,对于养老护理员、医疗护理员等人员的相关认定标准和职业培训还较为松散,需要更好地整合相关职能部门及其对应职责。医院的康复专业人才紧缺,专门针对老人提供服务的更为稀少。在人才培养和相关政策倾斜方面,政府具有不可推卸的责任。尤其是针对农村地区医疗护理机构建设和人员培养方面,应投入更大的资源提前布局。

最后,政府在宣传方面具有独特优势。针对老年人的长护政策、疾病预防体系和早期干预手段的宣传,都能够使目标人群更有效地利用相关资源。

二、保险公司

在长护险发展过程中,保险公司承担具体的经办或经营责任。保险公司可以通过社会化的手段更有效地完成失能人员认定和承保、理赔、结算等环节,乃至更早地介入早期干预和风险防范环节,以节省护理资金给付。作为最早一批在我国进行长护险试点的城市,青岛在社会养老服务体系建设方面先行先试,积攒了宝贵经验。在青岛试点中,保险公司接替医保局,与护理机构衔接,成为审核认定符合标准的失能人群的主体。在这一过程中,保险公司负责培训人员、采购设备、设计流程,大大提高了运行效率。此外,除了经办政府所负责的政策性长护险,保险公司也可以考虑设计商业化的长护险补充产品,以满足不同客户的实际需求。

三、护理机构

一方面,护理机构的数量扩张及其质量提升是提供长护险的基础保障;另一方面,长护险制度的建立也会有力地推动护理机构的发展,为其提供稳定的资金流和客户群体。青岛的试点就是一个例子。自2012年制度建立以来,具有医疗护理资质的定点机构已有500多家,其中以民营机构为主,调动各方力量催生了相关人才和资源的聚集。护理机构在人员和服务规范化管理、提高服务质量,以及相关责任风险防范方面需要持之以恒地开展大量工作。在市场竞争和有效监督下,护理机构和相关医养产业有望成为新的高增长行业。

四、社区

在专业医疗机构进行长期护理是一项高成本的服务。对于部分失能程度较轻的老人,社区护理或日间照料不仅能够大量节省成本,也为家庭实际减轻照料负担,使老人的生活更有归属感。社区护理机构如日间照料中心、托老所,是这一庞大养老体系中承上启下的重要一环。但是,目前这一层次的养老护理机构仍相对滞后。此外,社区在老年人的健康教育、政策宣传方面也具有其不可替代的作用。

五、家庭

赡养老人是子女的法定义务,也是我国的优良传统。即便建立了完善的机构照料体系,家庭照料也依旧是老年护理的重要组成部分。对于症状较轻、能够通过家庭护理得到较高生活质量的老年人,居家护理是其通常的第一选择。这方面在制度上应予以承认和衔接。在居家护理人员供给不足且资金存在大量结余的情况下,可以考虑通过自雇护理人员的形式享受部分保障待遇。尤其在广大农村地区,在逐家入户服务缺乏人员储备的现实约束下,如何更加灵活地提供保障需要制度设计和具体调研。

老年群体的健康促进是一项综合性的工程,除了关注身体健康,老年人的心理健康问题,失智老人的早期预防、干预和治疗问题都是与长期护理相关的重要课题。国家在政府引导下,发挥多个主体的作用,共同发力,建设金色老年,成就健康中国。

"二孩"政策能否提高养老保险基金可持续性

吴海青

2019-12-27

目前,老龄化已经成为我国社会发展不可忽视的问题。早在 2001 年,中国 65 岁及以上老年人口的数量就达到了全部人口的 7% 以上,根据联合国统一标准,这一数字意味着我国已经进入老龄化社会。为了应对愈加严峻的老龄化问题,我国政府出台了多项举措,其中包括于 2013 年和 2015 年分别出台的"单独二孩"政策和"全面二孩"政策(这两项政策以下简称"二孩"政策)。这两项政策打破了延续已久的"一孩"政策,前者是指允许一方是独生子女的夫妇生育两个孩子;后者则进一步放开,允许所有夫妇生育两个孩子,不再受到一方为独生子女的限制。"二孩"政策解除了对潜在生育意愿的束缚,增加了未来劳动力数量,对缓解我国老龄化压力和养老保险基金支付压力无疑具有积极作用。

国家统计局的数据显示,"二孩"政策实施以后,我国生育率长期处于下降趋势的状况在短期内得到了一些缓解。我国人口出生率分别在 2014 年和 2016 年比上年提高了 0.29‰ 和 0.88‰。新生人口的增加,意味着未来年轻人口比例的增加,也意味着养老保险缴费人数的增加和养老保险基金收入的增加,能够降低老年抚养比,对养老保险基金的可持续性具有积极作用。同时,更多的劳动力人口能够为社会经济发展提供更多生产动力和活力,有利于经济的进一步发展,在一定程度上避免"未富先老"的困境。不过,近年来,也陆续有一些学者研究了"二孩"政策对养老保险基金的影响,认为"二孩"政策的实施虽然在一定程度上有利于缓解养老保险基金支付压力,但最终效果并不明确,要受到民众生育意愿和政府执行力度的影响。

从数据上来看,"二孩"政策虽然在短期内释放了部分生育潜力,提高了人口出生率,却并没有从根本上改变长期生育意愿低迷的趋势。2015 年"全面二孩"政策实施以后,我国人口出生率虽然在 2016 年得到了短期提高,但随后在 2017 年下降了 0.52‰,在 2018 年进一步下降了 1.39‰,达到了历史最低的 10.94‰。腾讯新闻 2016 年发布的一份《二孩调查分析报告》显示,在受调查群体中,有计划生二孩的夫妇比例不到 1/3。而从计划到具体实施的过程中,这一比例还会降低。其中,90 后受"二孩"政策的影响最小,他们大多因为经济压力过大、社会保障和基础设施不健全而选择不生育"二孩"。70后和80后由于传统观念的影响,以及具备了一定的经济基础,受到"二孩"政策的影响较大,但由于年龄等客观因素限制,这一群体所能够贡献的生育率增长程度有限。

同时,随着生活压力的增大和传统观念的转变,传统的生育结构正在改变。根据国家统计局抽样调查数据,虽然30岁以下育龄妇女仍然是生育的主力军,但这一群体的生育率正处于下降趋势,比如25—29岁育龄妇女的一孩生育率从2014年的54.13‰下降到了2015年的41.55‰。相反,30岁及以上育龄妇女的一孩生育率正逐渐上升。也就是说,育龄妇女选择生育第一个孩子的年龄在逐渐增大,这一方面意味着人们对生育孩子的态度更加谨慎;另一方面也意味着,由于受到年龄等生理因素的限制,生育第二个孩子的可能性会减小。由此可见,"二孩"政策仅能在短期内增加一部分新生人口,不能改变长期生育率降低的趋势,对未来年轻劳动力的增长贡献程度有限,对养老保险基金增长的作用也有限。

另外,短期内"二孩"的增多会产生照料需求,促使未到退休年龄的老年人(祖父母、外祖父母)提前退休,或者促使生育"二孩"的女性短期或永久性退出工作市场。前者会增加养老保险支出,后者则会减少养老保险缴费。无论是哪一种情况,都可能会对养老保险基金的可持续性产生负面影响。目前这一间接影响机制在现有研究和评论中较少涉及,但由于我国社会传统的家庭观念和不完善的婴幼儿托管机制,这是"二孩"政策实施后不可忽视的一个方面。

为了让"二孩"政策真正发挥其应用的效果,政府应该首先从根本上激发年轻人的长期生育意愿。一方面,要让年轻人有条件生育"二孩",进一步完善和落实各项生育福利,比如避免职场育龄女性歧视等,创造良好的生育环境;另一方面,要让年轻人有意愿生育"二孩",从基础保障的角度解除其后顾之忧,比如鼓励发展有资质的托管机构,促进公立小学教育质量发展等;同时,要让年轻人有能力生育"二孩",创造更多的就业机会,提高工资水平和福利水平,进一步抑制房价、物价过快增长,减轻生活压力。只有从根本上让年轻人有条件、有意愿、有能力生育"二孩",才能避免生育率短期性增长后回落甚至加速下降的窘境,使"二孩"政策的影响能够长期延续,不断增加新生人口和未来劳动人口的数量,从而增加养老保险基金的可持续性,促进经济进一步发展。

在目前的文化和制度水平下,"二孩"政策对养老保险基金可持续性的提升效果可能有限。面对养老保险基金缺口,提高退休年龄和缴费年限、完善缴费基数、促进基金统筹等多项举措也应共同进行。多措并举,才能从更全面的角度解决我国现阶段养老保险制度的主要矛盾。